WORK YOUR LIGHT
ORAKELKARTEN

REBECCA CAMPBELL

ARTWORK

DANIELLE NOEL

KÖNIGSFURT URANIA

Bibliographische Information der Deutschen Nationalbibliothek
Die Deutsche Nationalbibliothek verzeichnet diese Publikation in der Deutschen Nationalbibliographie; detaillierte bibliographische Daten sind im Internet über http://dnb.d-nb.de abrufbar.

Titel der Originalausgabe: WORK YOUR LIGHT ORACLE CARDS

Originally published in 2018 by Hay House UK Ltd.

Deutsche Erstausgabe
3. Auflage 2025

Königsfurt-Urania Verlag GmbH
Ringstr. 32, D-24103 Kiel
www.koenigsfurt-urania.com • www.tarot-online.com

Übersetzung: Tom Amarque
Projektleitung: Martina Weihe-Reckewitz
Lektorat: Dr. Jennifer Lorenzen-Peth
Satz und Layout: Antje Betken
Printed in China by Hung Hing Off-Set-Printing Co. Ltd.

FSC www.fsc.org
MIX
Papier | Fördert gute Waldnutzung
FSC® C017606

ISBN 978-3-86826-787-7

INHALT

SEKTION 3 AKTIONS-KARTEN

SEKTION 4 AKTIVIERUNGS-KARTEN

SEKTION 5 ÜBERTRAGUNGS-KARTEN

WILLKOMMEN ZUM WORK YOUR LIGHT-ORAKEL

Es gibt ein Feld des Bewusstseins, in dem alles Wissen beheimatet ist. Hier finden sich die Antworten auf alle Fragen, die du dir möglicherweise irgendwann einmal stellen magst. Ein Feld, in dem Vergangenheit, Gegenwart und Zukunft gleichzeitig existieren. Und wo dich die Weisheit des Himmels und der Erde beim Namen ruft. Wo all das, was du suchst, auch dich sucht. Ein Feld, wo dir alle Seelenverträge, alle Geschichten und alle Führung ihre Botschaften zuflüstern. Ein Feld, in dem das Buch deiner Seele offen liegt, damit du darin blättern kannst.

Das ***Work Your Light*-Orakel** wurde erschaffen, um dir dabei zu helfen, dich mit dieser ewigen Weisheit zu verbinden. Um die Einflüsterungen deiner Seele zu vernehmen, um deine übersinnlichen Sinne zu nutzen und zu erweitern, um dein Leben in Harmonie und die richtige Balance zu bringen. Es soll dich ermutigen, dich wieder dem Rhythmus des Universums hinzugeben. Mehr noch: ihm bedingungslos zu vertrauen.

Wenn du ein Sixpack willst, musst du deine Bauchmuskeln trainieren; das Gleiche gilt für deine Seele. Um ihr Flüstern zu verstehen, musst du dich öffnen und zuhören! Wenn du deine Beziehung zu den feinstofflichen Ebenen vertiefen willst, musst du dich verpflichten, mehr Zeit mit deiner Seele zu verbringen. Wenn du den Raum mit deiner Anwesenheit erhellen willst, musst du dein inneres Licht täglich aktivieren. Wenn du dir wünschst, dass dein Leben im Einklang mit jener geheimnisvollen Kraft verläuft, die unser ganzes Sein bestimmt, musst du dein inneres Licht regelmäßig strahlen lassen. Das mag vielleicht simpel und selbstverständlich klingen, aber viele Menschen verkennen diese allem zugrundeliegende Gesetzmäßigkeit. Für sie ist Spiritualität etwas Ätherisches, ja etwas Ungreifbares. Der Trick zur Stärkung deiner „intuitiven Muskeln" besteht darin, diszipliniert zu sein und sie konsequent zu trainieren.

Sobald du regelmäßig mit deinem inneren Licht arbeitest, wirst du feststellen, dass du die Eingebungen deiner Seele immer deutlicher zu hören vermagst. Mit jeder Woche, die vergeht, wird ihr Flüstern eindringlicher und lauter. Die Visionen werden stärker und klarer. Und du fängst an, ihnen immer mehr zu vertrauen. Du gewinnst an Zuversicht.

Von dem Moment an, in dem du mehr Zeit mit deiner Seele verbringst und dich von ihr leiten lässt, wirst du feststellen, dass du ein Leben in Übereinstimmung mit deiner tiefsten Seelenebene führst. Und du wirst erkennen, dass du die Welt mit der dir eigenen einzigartigen Präsenz zu erhellen vermagst. Du bist dann im Einklang mit dem Fluss des Lebens. Du dienst der Welt, indem du einfach du selbst, indem du authentisch bist. Ich nenne es, mit deinem Licht zu arbeiten, und diese Karten wurden geschaffen, um dir zu helfen, genau das zu tun.

DU BIST DAS ORAKEL

Du bist das Orakel. Und du kannst direkt zur Quelle gehen. Jederzeit. Das ***Work Your Light*-Orakel** wurde entwickelt, um dir – und den Menschen, für die du das Orakel liest – zu helfen, deine Intuition zu stärken, damit du die Botschaften deiner Seele deutlicher wahrnehmen kannst. Es wurde entwickelt, um dich darin zu unterstützen, dein Leben darauf auszurichten, wer du auf Seelenebene bist, und jenes Bewusstseinsfeld anzuzapfen, in dem alle Weisheit beheimatet ist. Indem du mit diesem Orakel – und mit deinem inneren Licht – konsequent arbeitest, wird deine Verbindung zu deiner Seele, dem Universum und dem Höchsten Selbst immer intensiver werden.

Diese 44 Orakelkarten sind ein Werkzeug zur Vertiefung deiner Beziehung mit deiner Seele und der Quelle aller Dinge. Wann immer du dieses Deck verwendest, versuche nicht, es als ein Hilfsmittel zu sehen, mit dem du nach Antworten oder Führung von außerhalb deiner selbst suchst. Vielmehr lade ich dich ein, jede Karte als ein Tor zum Portal deiner eigenen inneren Führung zu betrachten. Als ein mediales Instrument, das dich dabei unterstützt, in jenes tiefe

Bewusstsein einzutauchen, das darauf wartet, dir heute offenbart zu werden. Deine Intuition kannst du wie die Muskeln deines Körpers trainieren. Und je öfter du übst und mit den Karten arbeitest, desto leichter bekommst zu Zugang zur Quelle allen Wissens, zum Feld der Weisheit. Genau darum geht es bei der Arbeit mit deinem inneren Licht. Diese Karten wurden speziell entwickelt, um dir zu helfen, eine direkte Beziehung sowohl mit einer eigenen Seele als auch mit dem Göttlichen – der Quelle, Gott, der Mutter, dem Vater, der Seele des Universums – herzustellen.

Egal, ob Mystiker, Schamane oder Priesterin – sie alle wissen, dass ihre einzige Aufgabe darin besteht, dafür zu sorgen, dass ihr Herz im Einklang mit dem Rhythmus des Universums – der Sterne, des Mondes und der Erde – schlägt. Verwende auch du das ***Work Your Light*-Orakel**, um diese heilige Verbindung zu stärken. Indem du mit den Karten arbeitest, gibst du dich jener geheimnisvollen Energie hin, die alles Leben im Universum lenkt.

Durch das Portal deines Herzens
trittst du ein in den Raum der Seelen.
Die Heimat der Weisheit, Liebe,
Führung und Unterstützung.

Dies ist viel mehr als ein passives Deck. Ihm wohnt eine besondere Kraft inne: Jede einzelne Karte wurde erschaffen und gechannelt, um Handlungen, Erinnerungen,

Aktivierungen sowie einen direkten Dialog mit deiner Seele, der Erde und den Sternen zu bewirken. Wenn du mit diesem Deck arbeitest, wirst du feststellen, dass deine intuitiven Fähigkeiten wachsen. Doch nicht nur deine Intuition wird gestärkt, auch die Botschaften deiner Seele werden klarer, so dass du sie besser wahrnehmen kannst. Deine Seele wird so zu dir sprechen, dass du auf einer tiefen Ebene deines Seins verstehst, wer du in Wahrheit bist. Und du wirst auf der Seelenebene erfahren, welche Aufgaben auf dich warten, welche Arbeiten in diesem Leben von dir erfüllt werden wollen. Du wirst deine Bestimmung finden.

Von dem Augenblick an, in dem deine Seele sich einstimmt auf den rhythmischen Puls des Universums, wird dein Leben harmonischer verlaufen. Du bist dann im Einklang mit der ewigen Melodie des Seins.

Viele Botschaften ergeben vielleicht auf den ersten Blick wenig Sinn. Oft erschließen sich Dinge erst rückblickend. Die einzelnen Puzzleteilchen ergeben oft erst am Ende ein Bild. Wenn wir eine intuitive Eingebung haben, kommt diese selten mit einer vollständigen Gebrauchsanleitung. Und mitunter erscheint uns eine Antwort als zunächst vollkommen unsinnig. Akzeptiere, was geschieht. Bleib offen. Wenn du eine Intuition hast, versuche dein Bestes, diese nicht zu sehr zu analysieren. Und grüble auch nicht stundenlang darüber nach. Bedanke dich stattdessen bei deiner Seele für die empfangenen Informationen und bitte um weitere. Deiner Intuition zu vertrauen, ist wie einem goldenen Faden zu folgen, ohne den Weg vor sich zu erkennen. Es erfordert Vertrauen. Und Glauben.

Mein wichtigstes Herzensanliegen: Entdecke, dass du selbst die Verbindung zwischen den höheren Reichen des Kosmos, den Führern, den Engeln, dem Geist und den geerdeten, alten Weisheitsbewahrern des Planeten Erde bist. Verstehe: In Wahrheit bist du die Regenbogenbrücke zwischen den Sternen, dem Himmel und der Erde. Deinetwegen tanzen sie alle gemeinsam.

Mögen dir diese Karten eine solide Basis verschaffen, um die Führung und Intuition von deiner eigenen Seele, aber auch die der Engel, Geistführer, Quelle und des Universums zu empfangen, die gerade jetzt auf dich und die Menschen, für die du diese Karten legst, warten.

Mögen diese Karten tiefe Erinnerungen deiner Seele anstoßen. Diese übermitteln und ans Licht bringen. Mögen sie dich mit jedem neuen Mischen und Auslegen zurück nach Hause, in die tiefsten und verborgenen Winkel deines Herzens führen. Dorthin, wo all die Antworten, nach denen du dich sehnst, auf dich warten und dich beim Namen rufen.

Ich liebe dich, Rebecca

MIT DEM WORK YOUR LIGHT-ORAKEL ARBEITEN

Dieses Deck besteht aus 44 Karten, die in fünf verschiedene Module oder Sektionen unterteilt sind. Die Arbeit mit ihnen wird dir helfen, dich auf die Weisheit deiner Seele einzustimmen, energetische Mitteilungen zu empfangen und dich mit deinem Licht zu verbinden. Jede der Karten-Sektionen bedarf einer anderen Ebene der Interaktion und kann für persönliche Deutungen sowie zum Legen für andere verwendet werden.

Bevor du mit diesen Karten arbeitest, ist es wichtig, dich mit deiner Intuition zu verbinden, um dann eine persönliche, klare Beziehung mit deiner Seele und der Seele des Universums herzustellen.

Im Folgenden findest du die fünf verschiedenen Sektionen:

SEKTION 1: BESTÄTIGUNGS-KARTEN

Karten, die eine klare Schwarz-Weiß-Antwort auf deine Frage geben. Sie sind die direktesten aller Karten und verschaffen dir schnell Gewissheit, egal, in welcher Situation du dich gerade befindest.

SEKTION 2: ERKUNDUNGS-KARTEN

Erkundungskarten helfen dir mit ihren Fragen, die Botschaften deiner Seele deutlicher zu vernehmen. Mehr noch: Sie verständlich für dich zu übersetzen und dich dann von ihnen leiten zu lassen. Wie so oft suchen wir nach Führung, vergessen aber dennoch, darum zu bitten. Oder wir befragen die Karten nur einmal, weil uns nicht bewusst ist, dass wir unsere Seele oder das Universum immer wieder um weitere Informationen bitten können. Die Erkundungsfragen wurden entwickelt, um die Stimme deiner Seele so zu stärken, dass du sie besser wahrnehmen kannst. Sie helfen dir dabei, deine Intuition zu schärfen, damit du erkennst, wozu du berufen bist. Die Antworten, die du empfängst, ergeben vielleicht zunächst keinen Sinn, aber lass dich davon nicht beirren. Bleib im Flow. Sei aufmerksam und offen für das, was geschieht. Die Erkundungsfragen sind für dich bestimmt. Beantworte sie laut. Oder meditiere darüber. Du kannst dich auch mit einer Freundin oder einem Freund austauschen. Oder 20 Minuten lang etwas dazu in dein Tagebuch schreiben. Du wirst sehen: Alles funktioniert.

SEKTION 3: AKTIONS-KARTEN

Dies sind Karten, die dir eine Orientierungshilfe geben und dich zu bestimmten körperlichen Aktivitäten inspirieren wollen. Energetisch gesehen sind diese Karten dazu da, dich zu bestimmten Aktionen aufzufordern. Damit du aufhörst zu grübeln und aus dem Kopf heraus zu agieren. Stattdessen sollst du dich bewegen. Denn sobald wir körperlich tätig werden, wird sich höchstwahrscheinlich auch die energetische Qualität der Ausgangssituation verändern. Eine Kraft, die du niemals unterschätzen solltest.

SEKTION 4: AKTIVIERUNGS-KARTEN

Diese Karten aktivieren deine Energie und unterstützen Heilungsprozesse bei dir oder der Person, für die du liest. Sie wollen uns zeigen, wer wir auf der Seelenebene tatsächlich sind. Dabei geht es um Seelenverträge, die in vergangenen Leben geschlossen wurden, besondere Talente, die du entwickelt hast, Erfahrungen aus vergangenen Leben, die du im Laufe der Zeit gewonnen hast, Seelenvereinbarungen, Gelübde, die abgelegt wurden. Und um Dinge, die darauf warten, geheilt zu werden, sowie Qualitäten, die bereit sind, von INNEN heraus stimuliert zu werden. Diese Karten haben jeweils eine Aktivierungs-Invokation – eine Fürbitte, die laut vorgelesen werden muss, damit die Aktivierung auf Seelenebene stattfinden kann.

SEKTION 5: ÜBERTRAGUNGS-KARTEN

Diese Karten dienen als Einweihungen und Übertragungen. Sie stellen eine Verbindung her zu jenen Energien, die zum Zeitpunkt der Befragung mit ihnen arbeiten wollen. Die Karten selbst wirken energetisch und verbinden uns mit anderen Ebenen der Unterstützung, Weisheit, Kreativität, Bewusstheit und Heilung. Sie nehmen Kontakt zum Universum, aber auch zur Erde auf, um Botschaften und energetische Übertragungen auf zellulärer Ebene zu empfangen. Jede dieser Karten hat eine Transmissions-Invokation, eine Herbeirufung, die laut gelesen werden kann, um dir zu helfen, die Übertragung vollständig zu empfangen.

KARTEN FÜR ANDERE MENSCHEN LESEN

Diese Karten wurden entwickelt, um dich dabei zu unterstützen, in einen direkten Austausch mit deiner eigenen und der Seele des Universums zu treten. Wenn du für jemand anderen die Karten legst, lade ich dich ein, die Person, für die du liest, anzuleiten, dies ebenfalls zu tun. Hilf ihr dabei, sich mit ihrer eigenen Seele zu verbinden, anstatt sich einfach darauf zu verlassen, dass du ihr „die Zukunft voraussagst". Und die andere kann dich wiederum dabei unterstützen, ein Bote des Lichts zu sein, indem sie dir die Tür zur inneren Welt ihrer Seele und ihrem inneren Licht öffnet.

Meine Intuitions- und Heiler-Ausbilder*innen haben mich stets gelehrt, dass unsere Arbeit getan ist, sobald uns unser*e Klient*innen und Schüler*innen nicht mehr brauchen. Ich fühle mich so gesegnet, dass mir dies ans Herz gelegt wurde, und möchte diese unschätzbare Lehre an dich weitergeben. Unsere Aufgabe als intuitive Führer*innen ist es, andere zu befähigen, eine direkte Beziehung zu ihrer eigenen Intuition, ihrer Seele, ihrem inneren Licht und dem Göttlichen herzustellen. Es gibt so viele Menschen, die Führung suchen; wenn du dich an

diesen ethischen Kodex hältst, werden mehr als genug an deine Tür klopfen.
Wenn du für jemand anderen die Karten deutest, ist es wichtig, dich selbst zurückzunehmen. Damit meine ich: Sei ein klarer Kanal und empfange die Botschaften für andere – anstatt eigene Meinungen und Urteile anzubieten. Wie bei jeder Heilarbeit gilt: Je mehr wir uns selbst geheilt haben, desto klarer wird unsere Deutung für andere sein.

Wie ich im vorherigen Abschnitt beschrieben habe, gibt es fünf verschiedene Sektionen in diesem Orakeldeck. Nutze die verschiedenen Aufforderungen auf den Karten, um der Person, für die du den Raum hältst, zu erlauben, tief in ihre eigene Seele einzutauchen. Auch wenn du selbst die Antwort vielleicht schon kennst, fordere sie auf und gib ihr den Raum, den Botschaften ihrer Seele tief in ihrem Herzen zu lauschen.

Ich bete dafür,
dass diese Karten als Medium allen,
die mit ihnen in Berührung kommen,
eine tiefere Erfahrung und Begegnung
mit ihrer einzigartigen Seele ermöglichen.

EINSTIMMUNG AUF DAS WORK YOUR LIGHT-ORAKEL

Die folgende Einstimmung ist ein Ritual, mit dem du dich auf der Seelenebene auf dein Orakel-Deck einstimmen und mit ihm verbinden kannst. Es bleibt dir selbst überlassen, ob du diese Einstimmung nur einmalig durchführst oder – falls du dich dazu berufen fühlst – sie jedes Mal, wenn du die Karten einsetzt, verwendest.

Nimm deine ***Work Your Light*-Orakel**-Box und halte sie an die Erde (oder an dein Wurzelchakra an der Basis deiner Wirbelsäule), und sage dann Folgendes:

„Ich rufe die Hüter der Weisheit der Erde an,
jene weisen Wesen, die vor mir hier
gewandelt sind, sowie die Intelligenz aller
fühlenden Wesen des Planeten Erde.
Mögen diese Karten mit klarer und geerdeter
Führung und einfachem Handeln aktiviert werden.
Mögen sie alle, die mit ihnen in Berührung kommen,
zurück nach Hause und in den ewigen Rhythmus von dir,
unserer Universellen Mutter Erde, bringen."

Lege nun das Orakeldeck an dein Herz. Atme tief ein und stelle dir eine Blume vor, die sich öffnet und in der Mitte ein inneres Licht offenbart, und sage Folgendes:

„Ich aktiviere das Portal meines Herzens
und das Herz der Menschheit.
Mögen diese Karten als Tore zur Weisheit
tief im Tempel meines Herzens dienen.
Mögen sie immer die tiefsten, reinsten und
kraftvollsten Gebete des Herzens und die höchsten
Berufungen der Seele zum Wohle aller offenbaren."

Heb nun das Deck etwa 20 Zentimeter über den Scheitel deines Kopfes, wo sich dein Seelenchakra befindet, und sage:

„Ich aktiviere das Reich der Seele, um mich
jedes Mal, wenn ich diese Karten verwende,
mit einem heiligen Licht zu umhüllen.
Mögen sie allen, die mit ihnen in Kontakt kommen,
erlauben, das zu empfangen, was zum höchsten
Wohl ihrer Seele und der Seele aller ist.
Möge jede Person, die mit diesen Karten in Berührung
kommt, eine innige Beziehung zu ihrer eigenen Seele
und dem Universum entwickeln. Danke, danke, danke."

DEN HEILIGEN SEELENRAUM ÖFFNEN

Bevor du mit den Karten arbeitest, empfehle ich dir, den heiligen Seelenraum zu öffnen und zu aktivieren. Das ist etwas, was ich selbst vor jeder intuitiven oder Coaching-Sitzung oder vor dem Unterricht praktiziere. Durch dieses Ritual wirst du von der Chronos-Zeit (chronologisch-lineare Zeit) in die Kairos-Zeit (Seelenzeit) versetzt. In diesem Seelenraum finden alle Zeremonien, alle Feierlichkeiten statt. Es ist das Reich der Kunst und Kreativität. Mach es dir zur Gewohnheit, diesen Seelenraum zu öffnen, wo immer du willst, um eine Seele zu ermutigen, vorzutreten und dich zu führen.

Ich glaube fest daran, dass wir uns mit dem Herzschlag des Planeten synchronisieren, wenn wir mehr Zeit mit unserer Seele verbringen und diesen heiligen Raum öffnen. Dieses Kartendeck wurde so entwickelt, dass es jedes Mal, wenn du mit ihm arbeitest, deinen Seelenraum aktiviert. Kannst du es fühlen?

Um den heiligen Seelenraum zu öffnen, bringe einfach deine Hände in eine **Gebetshaltung vor dein Herz**.

Wisse, deine Handflächen sind Verlängerungen deines Herzchakras. Atme nun langsam ein und visualisiere, wie sich dein Herz öffnet. Ich stelle mir gerne eine wunderschöne zartrosa Rose wie eine Pfingstrose vor, die sich mutig in meinem Herzraum öffnet, mit einem leuchtenden Licht in ihrer Mitte, das mit jedem weiteren Atemzug größer wird.

Als Nächstes lasse deine Hände **im Gebet nach oben wandern, bis sie einige Zentimeter über deinem Kopf** sind. Das ist der Ort, an dem sich das Seelenchakra befindet. Dein Seelenchakra macht dich einzigartig. Es ist jener Teil von dir, der durch all deine Leben gereist ist. Es bewahrt enorm viel Wissen und Informationen. Jeder Mensch hat ein solches Chakra, das Erinnerungen an vergangene Leben, Seelengeschenke, Seelenverträge, Vereinbarungen und Weisheiten speichert, die über dieses Leben hinausgehen. Durch das Seelenchakra strahlt das unbegrenzte Licht des Universums, das Licht der Quelle allen Seins. Ich sehe das Seelenchakra als einen facettenreichen Kristall, der über viele Lebenszeiten hinweg bearbeitet, poliert und geformt wurde. Das Licht des Himmels, das Licht der Quelle scheint durch diesen einzigartigen, facettenreichen Kristall – unser Seelenchakra – weshalb wir alle von dem Moment an, in dem wir unseren ersten Atemzug nehmen, so einzigartig sind.

Falte deine Hände zum Gebet über deinem Seelenchakra (eine Handbreit über deinem Kopf), nimm einen tiefen Atemzug, um es zu aktivieren, und führe dann deine Arme um deinen Körper herum, während du dir vorstellst, dass das Licht deiner Seele einen heiligen Mantel aus Licht um dich herum bildet, so dass dein Körper von dem heiligen Licht deiner Seele umhüllt ist. Lass deine Hände um dich herum zurück in die Gebetsposition vor deinem Herzen wandern. Gönne dir hier bewusst etwas Zeit, um die subtile Energieverschiebung wahrzunehmen, die durch die Aktivierung dieses heiligen Seelenraums entstanden ist. Nimm sie in dir auf. Fühl dich zu Hause.

Wenn du mit deiner Lichtarbeit fertig bist, nachdem du diese Karten für dich oder jemand anderen genutzt hast, ist es an der Zeit, den Seelenraum zu schließen. Das ist wichtig, damit du energetisch nicht zu offen für andere bist. **Um den heiligen Seelenraum zu schließen, musst du nur das Gleiche in umgekehrter Reihenfolge tun.**

Beginn bei deinem Herzen, lass deine Hände im Gebet nach unten zu deinem Wurzelchakra wandern und sammle dann den heiligen Seelenmantel aus Licht um deinen Körper ein, wobei sich deine Hände im Gebet direkt über deinem Kopf treffen.

Als Nächstes **führe deine Hände vor deinem Herzen im Gebet zusammen** und erlaube dir einen Moment der Dankbarkeit mit deiner eigenen Seele, bevor du deine normalen Tagesaktivitäten wiederaufnimmst.

WORK YOUR LIGHT-ORAKEL LEGEMUSTER

Hier folgen einige Work Your Light-Orakel-Legesysteme, mit denen du arbeiten kannst. Wähle dasjenige aus, das am besten zu deinem Anliegen passt, je nachdem, wie viel Zeit du hast und welche Art von Führung du oder die Person, für die du liest, wünscht.

DIREKTE ANLEITUNG – LEGESYSTEM MIT EINER KARTE

1. Mische die Karten.

2. Konzentriere dich auf deine Herzmitte und stelle eine Frage. Ich praktiziere die Frage/die Anrufung gern aus der Mitte meines Herzens und stelle mir vor, wie es aufleuchtet.

3. Teile die Karten in drei Stapel auf und füge sie dann in beliebiger Reihenfolge wieder zu einem einzigen Stapel zusammen.

4. Breite die Karten vor dir aus und wähle eine.

5. Stimme dich auf die Karte ein und erlaube ihr, dir ihre Botschaft und Führung zu offenbaren.

SEELENRUF – ZWEI-KARTEN-LEGESYSTEM

Das Seelenruf-Legesystem eignet sich hervorragend, um in einen Dialog mit deiner Seele zu treten. Dieses Legesystem mit zwei Karten gibt dir klare Hinweise darauf, wozu deine Seele dich aufruft.

1. Mische die Karten.

2. Konzentriere dich auf deine Herzmitte und stelle eine Frage. Ich bewege die Frage gern in der Mitte meines Herzens und stelle mir vor, wie es aufleuchtet.

3. Teil die Karten in drei Stapel auf und füge sie dann in beliebiger Reihenfolge wieder zu einem Stapel zusammen.

4. Breite die Karten vor dir aus und wähle zwei Karten aus, zu denen es dich hinzieht. Leg die beiden verdeckt hin.

5. Lege die restlichen Karten zur Seite und drehe die zwei von dir ausgewählten Karten um.

6. **Die erste Karte** stellt das dar, **was wegfällt oder nicht mehr passt.**

7. **Die zweite Karte** steht für das, **was in dir hochkommt oder sich entwickelt.**

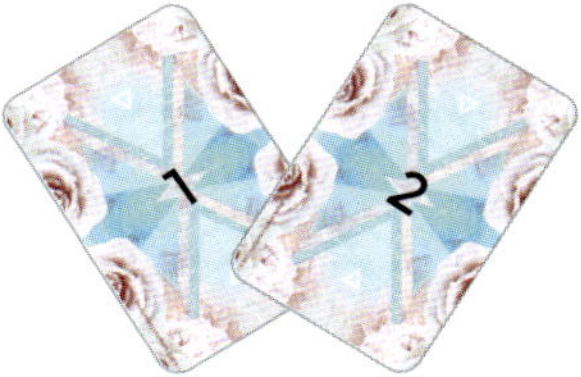

HEILIGE DREIFALTIGKEIT – DREI-KARTEN-LEGESYSTEM

Die Heilige Dreifaltigkeit ist ein fantastisches Drei-Karten-Legesystem, um Geist, Körper und Herz in Einklang zu bringen.

1. Mische die Karten.

2. Konzentriere dich auf deine Herzmitte und stelle deine Frage. Ich bewege die Frage gern in der Mitte meines Herzens und stelle mir vor, wie es aufleuchtet.

3. Teile die Karten in drei Stapel auf und füge sie dann in beliebiger Reihenfolge wieder zu einem Stapel zusammen.

4. Breite alle Karten vor dir aus und wähle die drei Karten, von denen du dich besonders stark angezogen fühlst. Lege sie mit der Vorderseite nach unten so ab, dass die Karten die Form eines Dreiecks bilden. Die erste unten links, die zweite unten rechts und die dritte oben.

5. Lege die restlichen Karten zur Seite und drehe dann die drei von dir ausgewählten Karten um.

6. Die erste Karte repräsentiert den Geist.
7. Die zweite Karte repräsentiert den Körper.
8. Die dritte Karte repräsentiert das Herz.

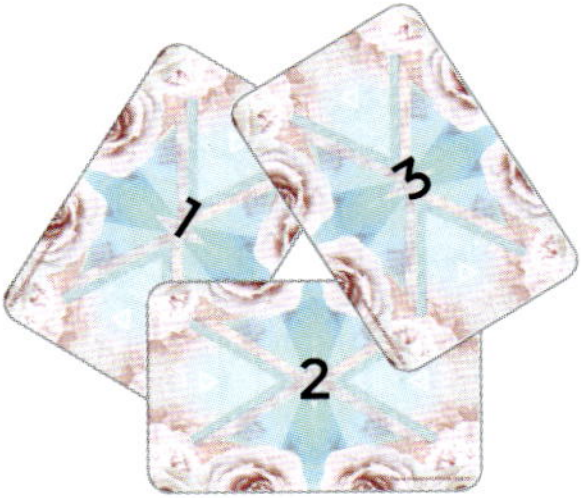

ENTSCHEIDUNGSTRÄGER

Dieses Legesystem eignet sich hervorragend, um dir dabei zu helfen, eine Entscheidung zu treffen oder dich in die möglichen Ausgänge jedes möglichen Weges einzufühlen.

Konzentriere dich auf deine Frage und notiere dann jede der verschiedenen Optionen oder möglichen Entscheidungen auf verschiedene Post-its oder andere Zettel.

Falte die Zettel zusammen. Dann schüttle sie mit beiden Händen gut durch oder mische sie auf dem Tisch, damit du nicht weißt, welcher Zettel wo liegt. Als Nächstes mische die Karten und lasse dabei deine Frage eine Verbindung mit den Karten aufnehmen.

Sobald du dich bereit fühlst, wähle eine Karte für jeden Zettel.

Lege die restlichen Karten beiseite, falte die Zettel auseinander und drehe die gewählte Karte für jede Option um. Welche Karte auch immer für jede Möglichkeit ausgewählt wurde, sie steht für das wahrscheinliche Resultat oder den Ausgang für jede Entscheidung.

KOSMISCHES KREUZ – 11-KARTEN-LEGESYSTEM

Das kosmische Kreuz eignet sich hervorragend, wenn du nach einer detaillierteren Anleitung suchst.

1. Konzentriere dich auf deine Herzmitte und stelle eine Frage. Ich bewege die Frage und Anrufung gern in der Mitte meines Herzens und stelle mir vor, wie es aufleuchtet.

2. Mische die Karten, teile sie in drei Stapel auf und füge sie dann in beliebiger Reihenfolge wieder zu einem Stapel zusammen.

3. Breite die Karten vor dir aus. Wähle die elf Karten, von denen du dich besonders stark angezogen fühlst. Zieh eine nach der anderen, halte dich an die Reihenfolge und lege sie in Form des Kosmischen Kreuzes, wie unten dargestellt:
   - **Position 1:** Wo du dich zum gegenwärtigen Zeitpunkt befindest
   - **Position 2:** Wozu dich deine Seele auffordert / Was sich deine Seele von dir wünscht
   - **Position 3:** Was in dir aufsteigt/hochkommt
   - **Position 4:** Was wegfällt
   - **Position 5:** Seelen-Geschenke

- **Position 6:** Was sich manifestiert
- **Position 7:** Der nächste Schritt
- **Position 8:** Einflüsse aus vergangenen Leben
- **Position 9:** Was du wissen musst
- **Position 10:** Hoffnungen und Ängste
- **Position 11:** Möglicher Ausgang

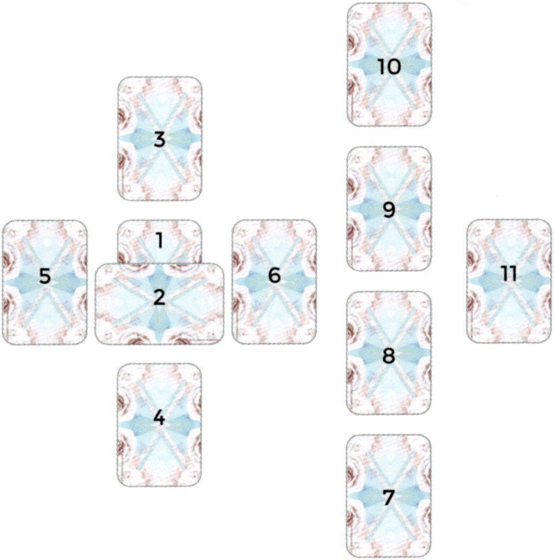

SEKTION 1

BESTÄTIGUNGS-KARTEN

DIE SICH EWIG ENTFALTENDE ROSE

Aufgebrochen. Etwas geschieht für dich – nicht mit dir.

Die Herausforderung des Lebens besteht darin, unser Herz auch dann offen zu lassen, wenn wir es am liebsten verschließen würden. Uns bereitwillig vom Leben aufbrechen, durch Schmerz und Verlust öffnen zu lassen. Zuzulassen, dass das, was wegfallen soll, auch wegfällt. Loszulassen, was nicht länger zu uns gehört.
Uns auf das Leben einzulassen, ein wahrhaftiger Mensch zu sein, erfordert Mut. Verluste und Tragödien gehören genauso zum Leben wie Erfolge und Abenteuer. Wo auch immer du dich im Moment befindest, das Leben fordert dich auf, dein Herz offen zu lassen, egal, wie

schmerzhaft dies sein mag. Dich immer weiter zu entfalten, dich darauf einzulassen, dass das Leben dich bricht.

Vielleicht machst du gerade eine schwere Zeit durch. Anstatt mit deinem Schicksal zu hadern, sehe diese Phase als einen Segen und als eine Bereicherung an. Akzeptiere, dass – auch wenn es dir schwerfallen mag – in Wahrheit alles für dich geschieht und nicht gegen dich. Und eines Tages, in nicht allzu ferner Zukunft, wirst du vielleicht gerade die Dinge schätzen, die dich aufgebrochen haben, weil die Welt dein offenes Herz, weil sie dich braucht.

Jetzt ist es an der Zeit, dir Gutes zu tun. Dich liebevoll und sanft wie ein zartes, süßes Baby zu behandeln. Wickel dich in eine Decke ein und vertraue darauf, dass du getragen wirst. Du bist geborgen. Die See mag nicht immer glatt sein, aber du bist sicher und wirst gehalten. Eines Tages, in nicht allzu ferner Zukunft, wirst du auf diese Zeit der Transformation zurückblicken und von der Poesie des Lebens überwältigt sein. Alles wird gut.

WORK YOUR LIGHT

Alles wird gut. Öffne dich für das, was geschieht.
Lass dich aufbrechen.

DU TUST ES BEREITS

Hör auf zu grübeln. Folge deinem Nordstern.

Stell die Dinge nicht zu sehr in Frage. Du bist auf einem guten Weg. Du schaust in die richtige Richtung. Hör auf, so viel darüber nachzudenken. Alles läuft bereits. Und du bist schon weiter, als du glaubst.

Mehr noch: Du bist genau dort, wo du sein sollst, und alles entwickelt sich in der perfekten Geschwindigkeit. Überstürze nichts. Jetzt ist nicht der richtige Zeitpunkt, um ungeduldig zu werden. Jetzt ist es an der Zeit, alles ruhig angehen zu lassen. Es gibt keinen Grund zur Eile. Was du baust, wird gebaut. Was du gepflanzt hast, wird bald erblühen. Mit jedem neuen Tag wird ein neuer Grundstein gelegt. Du hast einen langen Weg hinter dir.

Das Fundament ist stabil, jetzt musst du nur noch vertrauen und nach vorn blicken.

Wenn du der Meinung bist, dass die Dinge sich schneller entwickeln sollten, dann ist das nur dein Ego, das deine Fortschritte mit denen anderer vergleicht. Vergleiche bringen dir nichts. Mach einfach weiter, kümmere dich um deinen eigenen Garten und wisse, dass deine Zeit des Erblühens bald kommen wird.

WORK YOUR LIGHT

Hör auf zu grübeln. Folge deinem Nordstern.

JA

Sag einfach Ja.

JA. JA. JA. JA. JA. JA. JA. JA. JA. JA. JA. JA. JA. JA. JA. JA.
JA. JA. JA. JA. JA. JA. JA. JA. JA. JA. JA. JA. JA. JA. JA. JA
JA. JA. JA. JA. JA. JA. JA. JA. JA. JA. JA. JA. JA. JA. JA. JA
JA. JA. JA. JA. JA. JA. JA. JA. JA. JA. JA. JA. JA. JA. JA. JA
JA. JA. JA. JA. JA. JA. JA. JA. JA. JA. JA. JA. JA. JA. JA. JA
JA. JA. JA. JA. JA. JA. JA. JA. JA. JA.

JA. JA. JA. JA. JA. JA. JA. JA. JA. JA. JA. JA. JA. JA. JA. JA.
JA. JA. JA. JA. JA. JA. JA. JA. JA. JA. JA. JA. JA. JA. JA. JA.
JA. JA. JA. JA. JA. JA. JA. JA. JA. JA. JA. JA. JA. JA. JA. JA.
JA. JA. JA. JA. JA. JA. JA. JA. JA. JA. JA. JA. JA. JA. JA. JA.
JA. JA. JA. JA. JA. JA. JA. JA. JA. JA. JA. JA. JA. JA. JA. JA.

JA. JA. JA. JA. JA. JA. JA. JA. JA. JA. JA. JA. JA. JA. JA. JA. JA. JA. JA. JA. JA. JA. JA. JA. JA. JA. JA. JA. JA. JA. JA. JA. JA. JA. JA. JA. JA. JA. JA. JA. JA. JA. JA. JA. JA. JA. JA. JA. JA. JA. JA. JA. JA. JA. JA. JA. JA. JA. JA. JA. JA. JA. JA. JA. JA. JA. JA. JA. JA. JA. JA. JA. JA. JA. JA. JA. JA. JA. JA. JA.

JA. JA. JA. JA. JA. JA. JA. JA. JA. JA. JA. JA. JA. JA. JA. JA. JA. JA. JA. JA. JA. JA. JA. JA. JA. JA. JA. JA. JA. JA. JA. JA. JA. JA. JA. JA. JA. JA. JA. JA. JA. JA. JA. JA. JA. JA. JA. JA. JA. JA. JA. JA. JA. JA. JA. JA. JA. JA. JA. JA. JA. JA. JA. JA. JA. JA. JA. JA. JA. JA. JA. JA. JA. JA. JA.

WORK YOUR LIGHT

Hör auf zu grübeln. Denk nicht zu viel nach.
Sag einfach JA.

NEIN

Warten. Aufschieben. Auszeit. Sag NEIN.

Du bist aufgerufen, entweder innezuhalten, abzuwarten, wie sich die Situation entwickelt – oder NEIN zu sagen. Ein JA, das nicht mit dir und deinen Überzeugungen übereinstimmt, wird dir deine Energie und Zeit rauben. Mehr noch: Es könnte dich aus dem Gleichgewicht bringen. Halte Ausschau nach einem deutlichen, mit dir übereinstimmenden, 100-prozentigen JA.

Oft, wenn wir nach Führung bei einer Entscheidung suchen, kann es frustrierend sein, nicht sofort klar und überlegt handeln zu können. Richtiges Timing ist jedoch alles – und keine klare Führung durch ein JA zu erhalten, ist in Wahrheit eine Führung.

Wir alle gehen durch Lebensphasen, die als „Wartezeiten" bekannt sind. Diese Zeiten sind entscheidend dafür, dass sich unser Körper regeneriert, dass sich der neue Weg formt und dass das Universum beginnt, etwas für uns zu erschaffen. Du musst nicht die ganze Zeit nach vorn preschen, um vorwärtszukommen. Ein starkes, kongruentes JA wird dich, sobald die Zeit reif ist, einen Riesensprung voranbringen. Erzwinge die Dinge nicht, nur weil dies die einzige Möglichkeit zu sein scheint. Gönn dir eine Auszeit und warte ab.

Ruhepausen sind tatsächlich sehr sinnvoll, denn wenn die Zeit des Handelns kommt, wirst du in der Lage sein, sofort loszulegen. Nutze diese Wartezeit, um dich zu regenerieren und dir darüber bewusst zu werden, was du wirklich willst. Schau dir die unterschiedlichen Optionen genau an. Falls diese Optionen nicht klar sind, sorge dich nicht, denn in diesem Fall ist Warten ein Geschenk. Verwende die Zeit, um dich um deine Hobbies zu kümmern und eine Pause einzulegen. Geh ein wenig auf Abstand zu deinem geschäftigen Leben und schaffe Ordnung. Bereite dich vor auf das, was die Zukunft für dich bereithält. Denn im kommenden Frühling wirst du wissen, was zu tun ist. Du hast dann die Ressourcen, den Raum und die Energie, um JA zu sagen. Du kannst nun zielgerichtet handeln und schnell agieren.

WORK YOUR LIGHT

Sage Nein, verschiebe dein Vorhaben oder warte.

SEKTION 2

ERKUNDUNGS-KARTEN

DAS AUSEINANDERBRECHEN

Woran hältst du fest?

Momentan findet ein Umbruch statt. Alles, was nicht authentisch ist, kann nicht mehr überleben. Beziehungen, Jobs, soziale Strukturen, kurzum alles, was auf unsicherem Fundament gebaut ist, wird zusammenbrechen. Es geschieht, um dich zurück nach Hause zu bringen. Um dir zu helfen, zu dem Menschen zu werden, der du wirklich bist (sowohl individuell als auch für die Gesellschaft als Ganzes), so dass du ein Leben führen kannst, das in Einklang mit dem steht, was dich ausmacht. Wenn du mittendrin bist, kann sich solch eine Zeit des Wandels wie ein persönlicher Angriff des Universums anfühlen. Hab Vertrauen, denn diese schwierigen Phasen werden dich maßgeblich prägen. Du wirst im Feuer wiedergeboren werden.

Du wirst dazu aufgerufen, dich hinzugeben. Du bist aufgefordert, damit aufzuhören, alles zusammenhalten zu wollen. Deinen Griff zu lockern. Das Auseinanderbrechen zuzulassen. Das mag zunächst schwierig sein. Aber je schneller du loslässt, desto eher wird die Wiedergeburt stattfinden. Woran klammerst du dich fest? Was versuchst du nach Kräften zu vermeiden? Wo versuchst du so zu tun, als sei alles in Ordnung?

Du hast die Kraft, um zuzulassen, dass alles, was wegfällt, umkippt und zerbricht. Lass einfach los. Wenn der Turm erst einmal eingestürzt ist, kannst du dein Zuhause auf festem Boden wiederaufbauen, mit mächtigen Stützpfeilern und einer Aussicht, die so herrlich ist, dass sie dir jeden neuen Morgen aufs Neue den Atem raubt. Kali, die Göttin der Zerstörung, und die Schwarze Madonna sind jetzt bei dir. Leg alles auf ihren Altar. Sie können es auffangen.

WORK YOUR LIGHT Erkundung

Woran klammerst du dich aus Angst,
dass nichts an seine Stelle treten könnte?

FOLGE DEM RUF

Was wünscht sich deine Seele von dir?

Dein Weg wird göttlich geleitet. Du bist aufgerufen, dem Ruf deiner Seele zu folgen. Es mag beängstigend sein, es mag keinen Sinn ergeben, aber wenn du den Sehnsüchten deiner Seele vertraust, wirst du ein Leben führen, das jenseits all dessen liegt, was sich dein Verstand vorstellen kann. Dem Ruf deiner Seele zu folgen, ist keine einmalige Sache, sondern ein lebenslanger Tanz. Tief im Inneren weißt du bereits, wonach du dich sehnst. Wonach sich deine Seele sehnt.

Wozu du auch immer aufgerufen bist, es ist deine Berufung. Denk nicht zu viel darüber nach. Warte nicht auf Erlaubnis. Sage einfach JA. Die meisten Menschen wollen einen detaillierten Plan, bevor sie den ersten Schritt machen. Aber so funktioniert Intuition einfach nicht. Es erfordert Glauben und Mut, um dem Ruf deiner Seele zu folgen. Und das ist der Grund, warum die meisten Menschen es nicht tun. Aber du bist nicht wie die meisten Menschen.

Du bist genau am richtigen Ort, um deiner Berufung jetzt zu folgen. Es ist nicht erforderlich, den ganzen Plan zu kennen. Du musst nicht einmal wissen, wohin dein Weg führt. Du musst nur den nächsten Schritt tun. Niemand hat jemals den kompletten, perfekten Plan gehabt. Es gibt kein endgültiges Ziel. Es gibt keinen richtigen oder falschen Weg und du benötigst KEINE Erlaubnis von irgendjemand anderem.

Je mehr Widerstand wir haben, dem Ruf zu folgen, desto wichtiger ist dieser mitunter für das Wachstum unserer Seele.

WORK YOUR LIGHT Erkundung

Wozu ruft dich deine Seele auf?

GRENZEN

Wo musst du klare Grenzen setzen?

Du wirst dazu aufgerufen, in deinem Leben klarere Grenzen zu ziehen. Das kann für alle Bereiche gelten: für deine Familie, Freunde oder deine Arbeit. JA zu sagen, wenn du eigentlich NEIN meinst, führt zu Verstimmungen, eine der größten Energieräuber überhaupt. Am Anfang sind es meist nur kleine Grenzüberschreitungen, die sich nicht wie eine große Sache anfühlen. Aber bevor du es richtig mitbekommst, wird dein Energiefeld durchlässig. Du fühlst dich ausgelaugt, gereizt oder ausgenutzt.

NEIN zu sagen und klare Grenzen zu setzen, ist eigentlich ein spiritueller Akt. Die großzügigsten, liebevollsten und mitfühlendsten Menschen sind diejenigen mit den klarsten Grenzen. Denn wenn sie JA sagen, sind sie in der Lage, bedingungslos zu geben.

Wenn deine Grenzen klar sind, wissen andere, wo du steht, und du bist in der Lage, frei zu agieren. Wenn du selbst unsicher bist, wo deine Grenzen sind, verursacht das Verwirrung, Groll und energetische Verstrickungen.

Wenn du JA sagst, obwohl du eigentlich NEIN meinst, fehlt dir wahrscheinlich selbst etwas. Frag dich, welcher Teil von mir BRAUCHT etwas von anderen? Es könnte sich um ein Bedürfnis nach Anerkennung handeln, eine Befürchtung, auf eine bestimmte Weise gesehen zu werden, oder eine Angst vor Verlust und Ablehnung.

Der beste Weg, deine Grenzen einzuschätzen, ist es, in deinen Bauch hineinzuspüren. Dein Bauch ist das zweite Gehirn. Er besitzt eine Intelligenz, die als „Bauchgefühl" bekannt ist. Hör auf dein Bauchgefühl, wenn du entscheidest, was für dich in Ordnung ist. Wie fühlt er sich an? Was versucht er dir mitzuteilen?

WORK YOUR LIGHT Erkundung

Wo in deinem Leben musst du deutlichere Grenzen setzen?

△

HÖR AUF DAS SELTSAME GEFÜHL

Was versucht dir dieses unangenehme Gefühl zu sagen?

Da ist dieses komische Gefühl. Dieses nagende, nervige, unangenehme Gefühl. Dieses unbequeme, quälende, seltsame Gefühl. So sehr du es auch versuchst, es ist einfach da. Und es wird auch nicht verschwinden. Die meisten Menschen verbringen Jahre damit, ihre nagenden Zweifel, ihre komischen Gefühle zu ignorieren. Sie versuchen alles, um sie mit Hartnäckigkeit, Ego, Logik und nachträglicher Rationalisierung zu betäuben. Das ist anstrengend. Kräftezerrend. Und bis du dich deinem Unbehagen stellst, konfrontiert dich das Leben weiterhin mit noch mehr Herausforderungen, um dich endlich wachzurütteln. All das geschieht, um deine

Aufmerksamkeit auf jenes Licht in dir zu lenken, das darauf brennt, endlich scheinen zu dürfen. Dein Zweifel und dieses komische Gefühl sind Hinweise auf das, was dich blockiert – die Beziehung, das Gespräch, die Entscheidung, die anstehende Veränderung genauso wie der Stein in deinem Schuh.

Oft spüren wir das unangenehme Gefühl zuerst in unserem Körper. Viele Menschen glauben, dass intuitive Botschaften aus den höheren Sphären zu uns gelangen, aber in Wahrheit ist es dein Körper, der intuitiv reagiert und durch deine Sinne arbeitet, um Schwingungsinformationen zu übermitteln. Ein kurzer Moment täglich genügt, um deinen Körper zu scannen, um intuitive Informationen zu empfangen und schnell darauf zu reagieren.

Du bist aufgefordert, dich jetzt deinem Problem zu stellen. Falls du das nicht tust, wird das Universum dir etwas viel Größeres und Offensichtlicheres in den Weg legen. Und dann wirst du es wahrscheinlich bereuen, dass du nicht schon früher auf dein Problem reagiert hast. Ich weiß, das hört sich beängstigend an, aber du bist sicher. Stell dich jetzt deinem unangenehmen Gefühl, vertrau deinem Zweifel.

WORK YOUR LIGHT Erkundung

Was versucht dir dieses unangenehme Gefühl zu sagen?

KRIEGERIN

Folgst du deiner wahren Bestimmung?

KRIEGERIN

Folgst du deiner wahren Bestimmung?

Wozu bist du berufen und was erfordert von dir Mut? Wenn du keine Angst hättest, was würdest du tun? Ein Leben, das mit Herz und Seele geführt wird, verläuft nicht immer reibungslos und ist auch kein Zuckerschlecken. Ein mit Herz und Seele geführtes Leben erfordert Mut, um über die Angst zu triumphieren.

Oftmals sind unsere Ängste die Torwächter zu unseren größten Gaben. Und je mehr es uns widerstrebt, einem Ruf zu folgen, desto wichtiger ist dieser für das Wachstum unserer Seele. Manchmal ist unsere Angst ein Hinweis darauf, dass wir auf dem richtigen Weg sind.

Die überaus couragierte Jeanne d'Arc war bekannt für ihren berühmten Satz: „Ich habe keine Angst. Ich wurde dafür geboren." Aber mit dem Mut verhält es sich so, dass er ohne Furcht gar nicht möglich ist. Wenn du also ängstlich bist, ist das, was du brauchst, Mut. Und Mut entsteht, wenn du aus dem Herzen heraus lebst.

Sieh deine Ängste als eine Chance, dich weiterzuentwickeln, und nicht als etwas, das dich gefangen hält. Wenn es dir gelingt, deine Ängste aus diesem Blickwinkel zu betrachten, dann ist das – so unangenehm es sich vielleicht auch anfühlen mag – ein Zeichen dafür, dass du auf dem richtigen Weg bist.

WORK YOUR LIGHT Erkundung

Was würdest du tun,
wenn du keine Angst hättest?

MACH DICH NICHT KLEIN, UM DICH ANZUPASSEN

Stellst du dein Licht unter den Scheffel, um dazuzugehören?

Dimme dein Licht nicht, um dich der Beschränktheit anderer anzupassen. Wir wurden alle geboren, damit wir strahlend und hell leuchten. Das Universum expandiert und du bist Teil dieses Universums. Daher ist Ausdehnung auch Teil deiner Natur.

Wenn dich jemand dazu bringt, dich zurücknehmen und selbst kleinmachen zu wollen, registriere es, und schlage einen anderen Weg ein. Diese Menschen passen nicht zu dir – und du nicht zu ihnen. Es ist viel besser, du findest in dir selbst die Kraft, zu expandieren und dein Licht strahlen zu lassen. Egal, was geschieht.

Blumen öffnen und schließen sich auch nicht, nur weil eine bestimmte Person an ihnen vorbeigeht. Sie öffnen sich und zeigen ihre Schönheit unabhängig davon, wer sie betrachtet.

Wenn andere nicht in deiner Nähe sein wollen oder sich unwohl in deiner Gesellschaft fühlen, dann liegt das daran, dass du ihnen vor Augen führst, dass sie selbst ihr Licht dimmen, um sich anzupassen. Indem du dich entscheidest, hell zu leuchten, inspirierst du sie vielleicht dazu, ihr eigenes Licht leuchten zu lassen. Oder auch nicht. Strahle trotzdem weiter.

Alle Beziehungen sind im Wesentlichen eine energetische Übereinkunft. In dem Moment, in dem eine Person sich entscheidet, sich zu erheben und ihr Licht leuchten zu lassen, verändert dies die energetische Vereinbarung und kann einige Wellen erzeugen. Das ist völlig normal.

Die Beziehungen, die dazu bestimmt sind, von Dauer zu sein, werden sich an die veränderte Energie anpassen. Andere werden es nicht tun, weil sie wahrscheinlich unter dem Vorzeichen geschlossen wurden: „Ich liebe dich, solange du nicht heller strahlst als ich." Das ist in Ordnung. Nicht alle Menschen sind dazu bestimmt, für immer in unserem Leben zu bleiben. Aber die Lektionen, die sie uns übermittelt haben, können trotzdem in uns weiterleben.

WORK YOUR LIGHT Erkundung

Wie dimmst du dein Licht, um dich anzupassen?

PRIESTERIN

Wo bist du aufgerufen, vorzutreten und zu führen?

Die Priesterin ist eine Lehrerin, die sich dem Dienen, der Unabhängigkeit und der Führung verschrieben hat. Du musst nicht alle Voraussetzungen erfüllen, um zu führen. Tatsächlich ist es sogar hilfreich, wenn du nicht vollkommen bist. Niemand wünscht sich einen perfekten Engel, der niemals einen Fehler gemacht hat. Lass dein Leben deine Botschaft sein. Unterschätze nicht die Wirkkraft deiner persönlichen Geschichte. Wenn wir mehr über den Weg und die damit verbundenen Schwierigkeiten anderer erfahren, fühlen wir uns weniger allein. Wir erkennen, dass wir eigentlich alle miteinander verbunden sind und zusammen dieses Projekt namens „Leben" meistern wollen.

Der Unterschied zwischen einer*m Anhänger*in und einer*m Anführer*in besteht darin, dass letztere*r den Mut hat, als Erste*r zu voranzugehen. Indem er*sie das tut, erhellt er den Weg für all jene, die bereit sind, sich weiter vorzuwagen. Mach dir nicht zu viele Gedanken darüber, wer zu dir passt. Mach Zugehörigkeit nicht an Alter, Einkommen, Hobbys oder Beruf fest. Der beste Weg, deine Gemeinschaft zu finden, ist, in den Spiegel zu schauen. Wenn du dich berufen fühlst, zu führen, dann liegt es wahrscheinlich daran, dass du dich irgendwann in deinem Leben selbst nach jemandem gesehnt hast, der dich führt.

Deine Gemeinschaft, dein Stamm sehnt sich nach genau den gleichen Dingen wie du und steht wahrscheinlich nur einen Schritt von dir entfernt hinter dir. Vielleicht sind deine Verbündeten aber auch direkt neben dir. Du benötigst von niemandem die Erlaubnis, um aufzustehen. Alles, was du brauchst, ist Mut. Den Mut, vorzutreten. Umarme deine Kämpfe, nimm all ihre Höhen und Tiefen an. Es ist nicht erforderlich, dass du den Weg bereits kennst. Glaub einfach daran, dass es einen anderen Weg geben könnte als jenen, dem du bisher gefolgt bist.

Deine Gemeinschaft, dein Stamm wartet auf dich. Tritt vor, damit sie dich entdecken können.

WORK YOUR LIGHT Erkundung

Wo wirst du dazu aufgerufen, vorzutreten und zu führen? Wie kannst du selbst die*der Anführer*in sein, die*den du dir selbst immer gewünscht hast?

△

RICHTE DEIN LEBEN NEU AUS

Wo lebst du nicht mehr im Einklang mit dir selbst?

Wir alle sind zyklische Wesen, die sich in einem ständigen Zustand der Veränderung, der Evolution und des Wachstums befinden. Veränderung ist die Konstante einer jeden Existenz. Indem du dich deiner zyklischen Natur widersetzt, widersetzt du dich dem Leben. Du fühlst dich wie festgefahren, kannst dich nicht weiterentwickeln.

Viele von uns haben gelernt, so zu sein, wie es die Welt von uns erwartet. Aber es kommt eine Zeit, in der es schwieriger wird, diese Fassade aufrechtzuerhalten, als zu akzeptieren, wer wir in Wahrheit sind. Wir sehnen uns danach, die Maske abzunehmen, uns selbst anzunehmen, mit all unseren Veränderungen, und unser Leben neu auszurichten.

Wenn du diese Karte gezogen hast, wirst du aufgerufen, dich von dem zu loszusagen, was du einmal warst, oder dich von all den Dingen, über die du dich einst definiert hast, zu verabschieden: dem Job, der Beziehung und der Maske, die du getragen hast – und dich zu dem zu bekennen, was du jetzt wirklich bist. Steh zu dir, tritt mutig für all das ein, was dich ausmacht. Sei authentisch. Nimm dich in all deinen Eigenarten und mit all deiner Einzigartigkeit an.

Vielleicht bist du über einige Beziehungen oder Gegebenheiten hinausgewachsen, und es ist an der Zeit, alle Mosaiksteine deines Lebens neu zu bewerten. Sie so in Einklang zu bringen, dass sie mit dem Menschen übereinstimmen, der du heute bist.

WORK YOUR LIGHT Erkundung

Was in deinem Leben ist nicht mehr
in Übereinstimmung mit dem,
wer du wirklich bist?

SPIEGEL

Wer oder was triggert dich?

Der Filter unserer eigenen Erfahrung bestimmt, wie wir das Leben 90 Prozent der Zeit wahrnehmen. Durch unsere eigenen Projektionen. Wenn uns jemand an eine noch nicht geheilte Erfahrung erinnert, werden wir getriggert. Oft ist es eine unbewusste Reaktion.
Menschen und Situationen können uns als Spiegel dienen. Sie reflektieren, was wir über das Leben, das Universum und uns selbst denken und für wahr halten. Es sind Spiegel, die auf unseren Schatten und unser Licht hinweisen. Spiegel, die jene Teile von uns offenbaren, die noch akzeptiert, wahrgenommen oder geliebt werden wollen.

Diese Karte fordert dich auf, genau hinzuschauen, welche Erfahrungen oder Menschen dich derzeit triggern und was sie dir zurückspiegeln. Wann hast du dich schon einmal so oder ähnlich gefühlt? Könnte dies eine Möglichkeit für dich sein, um etwas in dir zu heilen? Oder werfen diese Menschen ein Licht auf etwas, das sich in dir selbst danach sehnt, endlich gesehen und angenommen zu werden?
Das gilt sowohl für das Positive als auch für das Negative. Das Positive: diejenigen, die wir bewundern und auf ein Podest stellen. Wenn wir nicht erkennen, dass wir uns zu ihnen hingezogen fühlen, weil wir ihnen ähnlich sind, müssen wir sie herabsetzen, um auf ihr Niveau zu kommen. Das Negative: diejenigen, die wir verachten, auf die wir neidisch sind und die wir bekämpfen. Wenn wir nicht verstehen, dass sie etwas in uns triggern, dann wartet etwas in uns darauf, geheilt zu werden. Tun wir das nicht, werden wir selbst weiterhin verletzt und verwundet bleiben.

WORK YOUR LIGHT Erkundung

Wer oder was triggert dich?

Was ist es in dir, was dadurch gespiegelt wird?

Welcher Teil von dir sehnt sich danach, wahrgenommen zu werden?

STARSEED

Was bringt dich zum Leuchten?

Starseeds sind Seelen mit einer zweifachen Mission: Sie wollen ihr eigenes Bewusstsein und das des Planeten erhöhen. Sie sind alte Seelen, die sich außerhalb dieses Planeten inkarniert haben.

Viele Starseeds haben das Gefühl, dass die Zeit abläuft und dass sie aus einem bestimmten Grund hier sind. Dass sie eine bestimmte Aufgabe erledigen sollen. Etwas wartet darauf, von ihnen erschaffen zu werden. Es gibt einen wichtigen Beitrag, den sie leisten sollen. Falls du diese Karte gezogen hast, ist diese die Bestätigung, dass du ein Starseed bist, und du wirst ermutigt, dem Ruf zu folgen. Dem zu folgen, was dich leuchten lässt.

Einmal erwacht, fällt es den meisten Starseed-Seelen schwer, bedeutungslose Gespräche, Jobs und Beziehungen zu führen. Sie wissen intuitiv, dass es um viel mehr in ihrem Leben geht. Sie fühlen tief in sich, dass dieses „etwas mehr" existiert, und machen sich auf die Suche. Sie bleiben ruhelos, bis sie ihrer Bestimmung folgen, die darin besteht, die Welt mit ihrer einzigartigen Präsenz zu erhellen.

Starseeds sind über den ganzen Planeten verstreut: in Kliniken und Schulen, in Slums und Villen, auf Bühnen und in Redaktionen, in Parks und Nachtclubs, in Taxis und Themenparks. Viele Starseeds verbringen einen Teil ihres Lebens mit dem Versuch, sich zu integrieren oder ziehen sich zurück in einer Art spiritueller Abgeschiedenheit. Wenn du dein Licht dimmst, um dich anzupassen, ist es an der Zeit, dass du damit aufhörst und damit beginnst, dieses einzigartige Licht zu umarmen, mit dem du hier inkarniert bist, um es zu teilen. Genieße deine Zeit auf der Erde wie einen wundervollen Urlaub.

WORK YOUR LIGHT Erkundung

Was lässt dich leuchten?

STERNENMUTTER

Wie kannst du selbst gut für dich sorgen?

Du wirst mehr gehalten, als du es dir überhaupt vorstellen kannst. Du wirst so sehr geliebt und geschätzt, dass du, wenn dir dies bewusst wäre, nicht eine Sekunde deines Lebens mehr in Sorge oder Angst verbringen würdest.

Lass die Mutter deine Bürde tragen; lass sie deine Ängste weg wiegen. Lege all deine Sorgen, deinen Kummer, deine Scham und deine Schuld auf ihren Altar. Bitte, bitte liebes Kind, fürchte dich nicht. Du bist Liebe in Aktion. Wenn du es zulässt, bist du bereits geheilt. Lass die Mutter dich an deine Güte erinnern. Lass sie deine Ängste und Sorgen durch Liebe vertreiben.

Deine Fähigkeit, andere zu lieben und zu halten, wird begrenzt durch deine Fähigkeit, dich selbst zu lieben und zu halten. Zeig Mitgefühl mit deinem schönen Körper, deinem Geist und deiner Seele. Behandle dich selbst wie das wunderschöne Wesen, das du in Wahrheit bist. Mach dir bewusst, dass du dein Bestes tust, und versuch nicht, die Last der Welt allein zu tragen.

Du bist angekommen, die Mutter unterstützt dich. Lass ihre starken Arme deine Lasten tragen. Lass sie das Gewicht der Welt von deinen Schultern nehmen. Vergib dir selbst, mein liebes, süßes Kind der Erde.

WORK YOUR LIGHT Erkundung

Wie kannst du selbst gut für dich sorgen?

Wie kannst du dir selbst eine gute Mutter sein?

VERTRAU DEINEM WEG

Was würdest du tun, wenn du wüsstest,
dass du unterstützt wirst?

Die Kräfte des Universums haben sich vereint. Orientiere dich weiterhin an deinem Nordstern. Deine Aufgabe ist es nicht, den Weg zu ebnen, sondern einfach weiter deiner Bestimmung zu folgen und einen Schritt nach dem anderen zu gehen. Wenn du das tust, kannst du nichts falsch machen.

Die Kräfte des Universums haben sich vereint. Zögere und zweifle nicht. Nutze dein Herz als Kompass und setze einen Fuß vor den anderen. Je vertrauensvoller du deiner Berufung folgst, desto mehr unterstützt du das Wachstum deiner Seele.

Die meisten Menschen folgen dem höchsten Ruf ihrer Seele nicht, weil sie darauf warten, das Endziel zu sehen, bevor sie den ersten Schritt wagen. Wenn du jeden Tag einen Babyschritt machst, wirst du innerhalb eines Jahres 365 Schritte in die dir zugedachte Richtung getan haben. Wenn du ein Buch schreiben willst, schreibe jeden Tag eine Seite. Wenn du deinen Beruf wechseln willst, tu jeden Tag eine Sache, um dich diesem Ziel zu widmen. Ehe du dich versiehst, wirst du in einem Jahr zurückblicken und staunen, wie weit du gekommen bist. Bleibe in Bewegung und öffne dich für eine ganz neue Ebene der Unterstützung und des Empfangens.

Vielleicht werden die Dinge nicht so laufen, wie du es dir vorstellst, aber wenn du ein wenig Vertrauen hast, werden sie sogar besser laufen, als du es dir vorstellen kannst. Geh nicht zu sehr ins Detail, vertrau deinem Weg und lass dich von deiner Seele leiten.

WORK YOUR LIGHT Erkundung

Wenn du wüsstest, dass du,
egal was passiert,
unterstützt wirst,
was würdest du tun?

SEKTION 3

AKTIONS-KARTEN

DIE EINWEIHUNG

Ritus des Übergangs. Überschreiten der Schwelle.

Es gibt einen Tempel in Indien, der von außen furchterregend aussieht, aber innen mit prachtvollen Juwelen geschmückt ist. Es ist einer der wundervollsten Orte, die man sich vorstellen kann. Dies repräsentiert die Reise, die der Seelenpilger unternehmen muss, um an einen heiligen Ort zu gelangen. Aber nur die Eingeweihten können ihn betreten. Vielleicht ist das der Ort, an dem du jetzt gerade bist. Du wirst geprüft, eingeweiht, denn du bist auf dem richtigen Weg. Initiationen erfordern, dass wir die Schwelle zu einer Welt oder einem Zustand des Seins überschreiten. Wir sind aufgerufen, uns dem zu stellen, was uns Angst macht, und müssen bereit sein, alles zu verlieren, um eine neue Art des Seins, der Sicherheit, der Geborgenheit, der Tiefe, des Sinns zu gewinnen.

Initiationen markieren den Übergang von einem Zeitalter zum nächsten und können ausgelöst werden durch emotionale Erschütterungen, großen Verlust, Trauer oder Katastrophen. Aber es geschieht nur durch die scheinbare Qual und Not, dass unser Herz aufbricht und unser Geist motiviert wird, um vorwärtszugehen. Wir unternehmen die heilige Reise zu dem Wesen, was wir sein können. Dies kann ein schmerzhafter und beängstigender Prozess sein, aber sobald wir die Reise beginnen, können wir unsere wahre innere Stärke entdecken und herausfinden, wer wir wirklich sind.

Wenn du gerade mitten in einer Initiation steckst, wirst du sie durchstehen und eines Tages wirst du das segnen, was dich gebrochen und aufgesprengt hat, denn die Welt braucht dich und dein offenes, mutiges Herz. Du gehst an einen heiligen Ort. Irgendwann wirst du erkennen, dass es all deine Mühen und Pein wert war. Und du bist deinem Ziel viel näher, als du glaubst.

WORK YOUR LIGHT Aktion

Du gehst an einen heiligen Ort.
Lass dich öffnen, dich aufbrechen.

DIE SCHWESTERNSCHAFT DER ROSE

Schönheit und Hingabe. Priesterin. Mystikerin. Lehrerin.

Die Schwesternschaft der Rose ist eine Linie von Priesterinnen und Mystikerinnen, die ihr Leben dem Dienst an der Menschheit und der Verbreitung des Lichtbewusstseins auf der Erde gewidmet haben. Als Kreuzung alter Linien folgt sie dem Pfad der Hingabe und Schönheit.

Diesen Pfad zu beschreiten bedeutet, sich dem Sehen und Erschaffen von Schönheit zu verpflichten, wo immer du auch hingehst. Die Rose symbolisiert das Herz und die heilige Geometrie allen Lebens. Du bist aufgerufen, all die Schönheit um dich herum wahrzunehmen, besonders in der Natur. Lausche dem Flüstern von Mutter Erde.

Du wirst aufgerufen, mehr Zeit in der Natur zu verbringen, denn dort sind die alten Geheimnisse lebendig. Mutter Erde flüstert beständig ihre Botschaften. Lausche ihr. Verbring Zeit damit, ihre Schöpfungen zu bewundern, und dir werden zur Belohnung Erkenntnis und Gnade zuteilwerden.

Du wirst aufgerufen, dir etwas mehr Zeit zu nehmen, um die Schönheit um dich herum wahrzunehmen und selbst auf deine eigene Weise zur Schönheit der Welt beizutragen. Das kann durch deine eigenen Schöpfungen geschehen oder durch kleine Dinge, wie z. B. die Art, wie du dich kleidest oder wie du Blumen für dein Zuhause arrangierst. Jedes Mal, wenn du deine Zeit dem Erschaffen von Schönheit widmest, harmonisierst du den Planeten ein wenig mehr und die Verschiebung der Schwingung ist spürbar.

WORK YOUR LIGHT Aktion

Umgib dich mit Schönheit
und erschaffe Schönheit,
wo immer du gehst.

ERDE DICH

Empathie. Hochsensibel. Naturverbundenheit.

Du wirst aufgerufen, dich zu erden. Um sicherzustellen, dass dein Lichtfeld klar und deine innere Quelle gefüllt ist. Wenn du nicht geerdet bist, kann es leicht geschehen, dass du von der Energie anderer Menschen mitgerissen wirst oder diese mit deiner eigenen verwechselst. Deine Grenzen werden verschwimmen – sie können sich sogar auflösen – da du die Energien um dich herum aufnimmst und darum kämpfst, zu definieren, was zu anderen gehört und was zu dir.

Falls du diese Karte gezogen hast, bist du sehr wahrscheinlich ein*e Empath*in oder ein hochsensibler Mensch. Du brauchst Zeit für dich allein, um deine

Quelle aufzufüllen, deine Energie auszugleichen und dich zu erden. Es gibt zwei Arten von Menschen: diejenigen, die ihre Energie von anderen beziehen, und jene, die ihre Energie aus dem eigenen Inneren schöpfen. Überlege dir, welcher Typ du bist, und nimm dir jeden Tag Zeit, um sicherzustellen, dass deine Quelle wieder aufgefüllt wird. Sensibilität ist eine Superkraft, aber wie alle Kräfte muss sie gepflegt werden, damit sie sich entfalten kann.

Es kann leicht passieren, dass wir von den hochfrequenten Energien mitgerissen werden, die um den Planeten herumschwirren. Der schnellste und effektivste Weg, fremde Energien aus deinem Feld zu entfernen, ist, dich zu erden, indem du dich mit der Kraft von Mutter Erde verbindest. Es gibt viele Wege, dich zu erden, aber dies ist einer der effektivsten: Verbring Zeit in der Natur, leg deine Hände auf einen Baum – deine Handflächen sind Erweiterungen deines Herzchakras – oder geh einfach barfuß auf der Erde.

WORK YOUR LIGHT Aktion

Tu etwas, um dich zu erden
und dich mit der Erde zu verbinden.

△

INNERER TEMPEL

Hingabe. Stimme dich auf deine Herz-Energie ein.

Du bist aufgerufen, dich als Schüler*in zu engagieren und auf deine Herzenergie einzustimmen. Wahre Hingabe in dein Leben einzubauen. Sieh diese Karte als Einladung, eine regelmäßige Meditations-, Tagebuch- oder Chanting-Praxis zu entwickeln. Oder dich durch Musik rhythmisch mit deiner Seele zu verbinden. Es geht darum, etwas zu finden, womit du täglich deine innere Quelle auffüllen kannst. Für dich ist es essenziell, dass du regelmäßig Zeit mit deiner Seele verbringst.

Die Antworten auf all deine Fragen, nach denen du suchst, warten im Zentrum deines Herzens auf dich. Aber du kannst sie nur hören, wenn du dir täglich die

Zeit nimmst, der Stimme deines Herzens zu lauschen. Deine Seele sehnt sich nach einer tieferen Beziehung zu dir, und je mehr Zeit du mit ihr verbringst und dich ihr öffnest, desto klarer wirst du ihre Botschaften vernehmen und dich von ihr führen lassen können.

Wir alle sind hier, um als Seelen zu wachsen. Die Erde ist ein großer Spielplatz, auf dem die Seele viel lernen kann. Und du bist aufgerufen, dein Seelenwachstum zu intensivieren oder deine Hingabe zu vertiefen, indem du ein*e Schüler*in einer Linie einer*s spirituellen Lehrer*in wirst.

Falls du bereits ein*e engagierte*r Schüler*in bist, wirst du für deine Hingabe gelobt. Deine Begleiter möchten, dass du weißt, wie stolz sie auf dich sind, und dass die Zeit, die du in Hingabe verbringst, unendlich wertvoll ist. Wenn du deine Karriere oder deinen Lebensweg in Frage stellst, möchten deine Geistführer, dass du deinen Fokus auf Hingabe und dieses Gebet richtest: „Bitte gebrauche mich auf eine Weise, die meinen Geist, meinen Körper und meine Seele erfreut. Möge mein Leben ein einziges großes, bewegendes Gebet sein."

WORK YOUR LIGHT Aktion

Verpflichte dich zu einer täglichen Andachts-Praxis.

MACH EINE PAUSE

Das ist ein Lebenswerk, nicht eine Lektion.
Verlass das Hamsterrad.

Es ist in Ordnung, eine Pause einzulegen und dich an deinen Werken zu erfreuen. Nimm dir eine Auszeit von deinem vollen Terminkalender. Einen Moment, um aus der Tretmühle des Lebens auszusteigen. Um all das, was du erschaffen, erreicht, losgelassen oder erlebt hast, zu würdigen und anzuerkennen, bevor du zum nächsten Projekt eilst. Verweile in diesem Augenblick und genieße, wo du bist. Atme tief durch. Nimm dir die Zeit, damit sich dein Körper, Geist und deine Seele ein wenig regenerieren können. Und du dich neu ausrichten, wertschätzen und feiern kannst. Danach kannst du entscheiden, was du als Nächstes erleben willst. Wenn du dir einen Moment Zeit nimmst, wirst du nichts verpassen.

Vielleicht hast du gerade ein großes Projekt abgeschlossen, etwas Bedeutendes in deinem Leben vollbracht oder ein altes, schädliches Verhaltensmuster losgelassen. Jetzt ist es an der Zeit, dir eine Auszeit zu gönnen, bevor du dich auf deine nächste Aufgabe stürzt. Du hast es geschafft! Genieße dich selbst und finde zurück in deine innere Balance. Fahr in den Urlaub, buch eine Massage, mach lange Spaziergänge in der Natur, verreise über das Wochenende, um deine Energiereserven wieder aufzuladen und neue Kraft zu tanken.

WORK YOUR LIGHT Aktion

Mach eine Pause und atme durch.

SEELEN-FAMILIE

Ruf deinen Stamm herbei. Du musst das nicht allein tun.

Es ist an der Zeit, deine Seelenfamilie und dein Unterstützungsteam herbeizurufen. Menschen, die dich auf der Seelenebene verstehen. Menschen, die genauso ungewöhnlich sind wie du. Menschen, die deine auserwählte Familie sind. Sie kommen und sie suchen nach dir.

Wenn du sie bisher noch nicht gefunden hast, ist dies dein Zeichen, dass sie sich in deiner Nähe befinden. Aber damit sie dich finden und erkennen können, ist es wichtig, dass du aufhörst, dich klein zu machen und dein Licht zu dimmen. Es ist wichtig, dass du wirklich sichtbar bist. Wenn du sie bereits gefunden hast, bist du aufgerufen, dir von ihnen helfen zu lassen und vielleicht ein größeres Unterstützungsteam zusammenzustellen. Dein Team kann aus allen Arten von Menschen bestehen, wie einer*m Therapeuten*in, Coach, Mentor*in oder Heiler*in. Schau einfach, welche Art von Unterstützung du gerade benötigst.

WORK YOUR LIGHT Aktion

Rufe jetzt dein Unterstützungsteam herbei.

SPIELEN

Hab Spaß. Feiere. Sei nicht so ernst.

Hör damit auf, das Leben so ernst zu nehmen. Dein Geist braucht Freude, braucht Spaß. Je mehr du spielst, desto mehr wirst du inspiriert. Nimm dir eine Auszeit und tu Dinge, ohne darüber nachzudenken, was dabei herauskommt. Du wirst aufgefordert, dich auszuruhen und zu spielen. Und zu lernen, mehr Spaß zu haben. Tu etwas, das dich zum Lachen bringt. Lachen ist so wichtig – es ist die beste Medizin überhaupt. Ruf einen Freund an, mit dem du richtig albern sein kannst. Mach ein Date mit deinem inneren Kind. Je mehr es dir gelingt, deinen Verstand auszuschalten, desto mehr Spielraum hat dein Geist, um dir seine Botschaften zuzuflüstern und dich zu führen. Wenn wir Dinge tun, ohne an das Ergebnis gebunden zu sein, öffnen wir den Raum für Ideen, Kreativität, Führung und Lösungen. Die linke und die rechte Gehirnhälfte können sich miteinander austauschen. Mach das Spielen zu einem festen Bestandteil deines Tages. Plane es fest ein.

Verbring mehr Zeit damit, Dinge zu tun, weil du sie gern machst. Weil sie dir Freude bereiten, dich begeistern, zum Strahlen bringen. Wenn du dem folgst, was dich erfüllt, wirst du die Welt erhellen, ohne dich überhaupt darum zu bemühen. Denn wenn dein inneres Licht erstrahlt, bist du in Einklang mit deinem Herz und damit auch im Einklang mit dem Fluss des Lebens.

Wie spielst du? Was tust du, um Spaß zu haben? Was lässt dich strahlen, was erhellt dich?

Wenn du in letzter Zeit hart gearbeitet hast, ist es an der Zeit, zu feiern, wie weit du gekommen bist. Feiere, was du alles erreicht hast. Nimm dir einen Moment Zeit, um eine Party zu geben, in den Urlaub zu fahren oder einfach nur Spaß zu haben.

WORK YOUR LIGHT Aktion

Hab mehr Spaß.
Spiele öfter.
Feiere deine Erfolge.

△

SPRUNG

Geh du voran. Das Universum wird dich auffangen.

Das Leben liebt die Mutigen. Das Universum will dich unterstützen, aber zuerst musst du den Absprung wagen. Dein Leben selbst in die Hand nehmen und deine Komfortzone verlassen.

Vielleicht kennst du deine Bestimmung – oder weißt, was du loslassen musst – aber noch hast du Angst davor, den entscheidenden ersten Schritt zu wagen. Eventuell wartest du auf ein großes, unübersehbares Zeichen, eine Anleitung oder die Erlaubnis, endlich aktiv zu werden. Wenn das auf dich zutrifft, dann ist diese Karte dein Zeichen und deine Erlaubnis, um tief durchzuatmen und ins kalte Wasser zu springen. Es ist furchteinflößend, alles, was wir kennen, in der Hoffnung auf etwas Neues loszulassen. Und es ist normal, dass wir uns bei dem Gedanken daran ängstigen, uns von allem zu lösen, was wir sicher zu wissen glauben. Aber das gehört zum unabdingbaren Prozess des Aufsteigens. Und genau jetzt bist du dazu aufgerufen, so zu leben.

Die Natur zeigt uns ständig, wie ein mutiges Leben gelingt. Der Herbst kommt jedes Jahr und ermuntert die Bäume, ihren Griff zu lockern. Zuzulassen, dass das, was einst so prall voll Leben war, Blatt für Blatt abfällt. Für einen Moment fühlt es sich an, als ob nichts mehr wachsen würde. Die Äste bleiben kahl, nichts erinnert an den Glanz vergangener Tage. Aber sobald der Frühling erwacht, beginnen die ersten Triebe zu sprießen und etwas Neues wird geboren, das noch viel herrlicher ist als alles zuvor.

WORK YOUR LIGHT Aktion

Du gehst voran.
Nimm einen ordentlichen Anlauf –
und springe.

TANZ DAS LEBEN

Unternimm etwas, um dein Energielevel zu erhöhen.

Das Leben ist immer in Bewegung. Wenn du dich dem ständigen Auf und Ab des Seins widersetzt, wird deine Energie stagnieren. Mehr noch: Du bist dann nicht mehr im Einklang mit dem Fluss des Universums. Das Universum hat eine geheimnisvolle, intelligente Kraft. Es besitzt einen natürlichen immerwährenden Rhythmus, der das ganze Leben bestimmt. Lass dich von ihm tragen. Eine der besten Möglichkeiten, deine Energie, deine Frequenz und Schwingung zu verändern, ist, zu tanzen. Egal, zu welcher Musik. Tanz das Leben.

Wenn wir selbstvergessen tanzen und dabei alles um uns herum vergessen, übernimmt unser Geist die

Führung. Wir kommen in den Flow und mit jedem neuen Schritt, mit jeder ekstatischen Bewegung tauchen wir wieder ein in den Fluss des Lebens. Verbinden uns intuitiv mit der harmonischen, abenteuerlichen und ewigen Melodie des Universums.

Vergiss die Routine, lass den Alltagstrott hinter dir und tu etwas, das deine Schwingung erhöht, dich auf ein anderes Level hebt.

Wenn du nicht gern tanzt, dann mach einfach etwas, was du normalerweise nicht tun würdest. Auch das verändert deine Energie. Wie Albert Einstein schon erkannte, können wir Probleme niemals mit derselben Denkweise lösen, durch die sie entstanden sind. Und du ziehst erst dann andere Erfahrungen an, wenn du deine Energie veränderst. Es ist an der Zeit, aktiv zu werden und einen Weg zu finden, im Einklang mit dem Fluss des Lebens zu agieren. Es ist Zeit, das Leben zu tanzen.

WORK YOUR LIGHT Aktion

Tanz oder mach etwas anderes,
um deine Energie zu verändern.

TEILE DEINE STIMME MIT DER WELT

Komm aus der Höhle. Verfolgung. Ausdruck.

Du bist aufgerufen, deine Stimme zu teilen, vielleicht indem du dich in einer Beziehung zu Wort meldest oder auch durch Schreiben, Sprechen, Singen oder eine andere Form des kreativen Ausdrucks.

Wir alle tragen tief in uns eine Wahrheit, die sich danach sehnt, ausgedrückt zu werden. Wie keine andere wurde die Stimme deiner Seele über Lebenszeiten geformt. Sie trägt die Weisheit vieler Inkarnationen in sich. Eine Weisheit, wie sie nur durch Seelengeschichte und Wachstum gewonnen werden kann. Indem wir uns an diesen einzigartigen Ton erinnern, der sie ausmacht, ihn uns zu eigen machen und zum Ausdruck bringen, heilen wir nicht nur uns selbst, sondern auch den Planeten als Ganzes.

Wenn du deine Stimme teilst, öffnest du dir einen Weg im Universum und rufst einen fehlenden Seelenanteil von dir zurück. Deine wahre, dir eigene Stimme besitzt einen machtvollen, einen gewaltigen Klang. Wenn du deine Seelenstimme zum Schweigen gebracht oder zurückgehalten hast, kann Chanten oder Singen wirklich lebensverändernd für dich sein.

Wenn wir die vermeintlichen Schutzschichten unserer Persönlichkeit ablegen und beginnen, unsere einzigartige Seele durch uns sprechen zu lassen, entdecken wir, dass wir tatsächlich eine sehr klare Botschaft haben, die sich danach sehnt, geteilt zu werden. Je öfter wir sie aussprechen, desto klarer wird sie.

Es gab noch nie eine bessere Zeit in der Geschichte als jetzt, um aufzustehen, deine Wahrheit kundzutun und die Stimme deiner Seele zu teilen. Wenn du dich ängstlich fühlst, wisse, dass du nicht allein bist und dass die Welt deinen einzigartigen Ton braucht, um zu heilen. Und indem wir uns alle erheben und unser Lied teilen, machen wir es der nächsten Person leichter, das Gleiche zu tun.

WORK YOUR LIGHT Aktion

Verkünde deine Wahrheit. Teile deine Stimme.
Sprich zu denen, die dich hören können.

TIEFE REGENERATION

Rückzug. Auszeit. Gehalten werden.

Das Selbstloseste, was du für dich tun kannst, ist, deine innere Kraftquelle aufzufüllen. Wenn unsere eigenen Energie-Depots nur halb voll sind, suchen wir unbewusst nach Dingen und Menschen um uns herum, um uns die Nährstoffe und Unterstützung zu verschaffen, nach der wir uns so sehr sehnen.

In einem unfruchtbaren Boden kann nichts gedeihen. Du bist für niemanden von Nutzen, wenn du völlig ausgebrannt bist. Das Weibliche ist freigebig, fruchtbar und üppig. Kümmere dich um deinen eigenen Brunnen und beobachte, wie sich die Menge, die du zu geben hast, vervielfacht. Wenn deine innere Kraftquelle nicht gefüllt ist, wirst du dich nach Dingen aus der Außenwelt verzehren, um sie zu füllen. Unser Körper sucht instinktiv nach der Nahrung und Stärkung, die wir uns selbst nicht gönnen.

Was nährt dich? Was hilft deinem Körper dabei, sich zu regenerieren? Was ist Balsam für deine Seele? Was bringt dich zurück ins Leben? Was ist deine geheime Medizin? Was lässt dich satt und lebendig fühlen? Überschäumend vor Energie?

Das können die Arbeit im Garten, das Arrangieren von Blumen, eine wohltuende Massage, die Verwendung reichhaltiger, duftender Öle sein. Oder das Kuscheln auf der Couch unter deiner Lieblingsdecke, Wandern, ein leckerer Cappuccino in deinem Lieblingscafé, eine spontane Fahrradtour, der Besuch eines Frauen-Seminars, ein ausgedehnter Strand-Spaziergang oder Yin Yoga.

Was dich nährt, ist deine Medizin. Wenn du dir selbst die Medizin gibst, die du brauchst, um dich gut zu fühlen, nährst du damit auch die Menschen um dich herum, denn es ist mehr als genug für alle da.

WORK YOUR LIGHT Aktion

Tu heute etwas, um deine innere Quelle aufzufüllen.

ZERBRICH DIE KETTE

Ahnenmuster. Heilen. Die Zukunft neu schreiben.

Du bist aufgerufen, deine Familienlinie zu heilen oder dich davon zu befreien, weiterhin das Leben deiner Vorfahren zu leben. Das könnte bedeuten, ein altes Muster deiner mütterlichen oder väterlichen Linie loszulassen. Ein Trauma aus der Vergangenheit zu heilen, das nicht einmal das Deine ist, oder dir alte Verhaltensmuster genau anzuschauen, die dir nicht länger dienen oder sogar schaden.

Wir alle haben emotionale Traumata in unserem Lichtfeld, die bis zu sieben Generationen weit zurückgehen. Daher ist es oft schwer, familiäre Muster zu durchbrechen. Schließlich handelt es sich häufig nicht einmal um unsere eigenen. Aber wir kennen keine andere Art des Seins – diese Muster sind uns vertraut und so setzen wir das Drama fort.

Wenn es um Ahnenheilung geht, ist es wichtig, zu verstehen, dass wir keine anderen Menschen heilen können. Aber durch deine eigene Heilung kannst du eine andere Person vielleicht dazu bewegen, sich selbst auch für die Heilung zu entscheiden. Energie wird freigesetzt. Du bist jetzt aufgefordert, dein Leben zu betrachten und dich zu entscheiden, wie du es zukünftig führen möchtest. Wer willst du sein? Von welchen Verhaltensweisen oder Mustern möchtest du dich befreien? Welchen Teil deiner Zukunft willst du neu schreiben? Welche Pläne warten darauf, umgesetzt zu werden? Wie möchtest du gern leben? Es ist an der Zeit für neue Visionen. Zeit, dich von alten Mustern zu trennen.

WORK YOUR LIGHT Aktion

Welche alten Verhaltensmuster aus deiner Ahnenlinie bist du bereit loszulassen?

Such dir Unterstützung von Familienmitgliedern, Freunden, einer*m Heiler*in oder Coach, um dich jetzt davon zu befreien.

SEKTION 4

AKTIVIERUNGS-
KARTEN

ANNA, GROSSMUTTER JESU
Aussaat des Lichts. Das Fundament legen. Göttlicher Plan.

ANNA, GROSSMUTTER JESU

Das Licht säen. Das Fundament legen. Göttlicher Plan.

Anna, die Großmutter Jesu, war eine uralte Mystikerin, die ihr Leben der Aufgabe widmete, die Grundlagen dafür zu legen, dass das Christusbewusstsein unser ganzes Dasein durchdringen kann. Zwar ist sie selbst nicht vielen bekannt, aber ohne Anna hätte sich das Christusbewusstsein nie so verbreitet, wie es heute ist.

Anna symbolisiert die stille Hingabe, die mitunter erforderlich ist, um ein Leben in den Diensten des Höheren zu führen. Sie steht für die Generationen vor ihr, die ihr Leben der Vision von einer neuen Welt gewidmet haben, obwohl sie wussten, dass sie das glorreiche Ergebnis ihrer Bemühungen nie erblicken würden. Anna repräsentiert den pflichtbewussten Soldaten, die bedingungslos liebende Mutter und die Mystikerin, die jenen Faden sehen kann, der sich durch das gesamte Leben zieht.

Anna lehrt uns, dass uns allen eine Rolle im göttlichen Plan zugeteilt wird, die es zu erfüllen gilt. Um bedeutend zu sein, ist es nicht unbedingt erforderlich, dass wir auf der Weltenbühne agieren. Die Rolle einer Person ist nicht wertvoller als die einer anderen. Für manche mag sie darin bestehen, ihre Kinder zu erziehen. Die Aufgabe einer anderen kann es sein, jeden Monat Frauen zu einem Gesprächskreis zu versammeln. Keine Rolle ist besser oder schlechter, wichtiger oder weniger wichtig. Jede von uns trägt einen Samen des Lichts in sich, den wir mit anderen teilen wollen. Anna versammelt uns alle, um uns an unseren Teil des Plans zu erinnern, damit wir diesen in Hingabe erfüllen.

WORK YOUR LIGHT Aktivierung

Halte die Karte an dein Herz und sage:

„Geliebte Anna. Danke, dass du das Fundament für den göttlichen Plan gelegt hast. Mögen die Samen des Lichts in mir offenbart werden und möge ich mich meinem Teil des göttlichen Plans hingeben."

DAS ZEITALTER DES LICHTS

Darauf hast du dich ein Leben lang vorbereitet.

Mystiker und Weise haben diese nun anbrechende Zeit in der Geschichte vorhergesagt, und du hast dich entschieden, genau in ihr zu inkarnieren. Es ist kein Irrtum, dass du in dieser Zeit des großen Wandels hier sein sollst.

Wenn du dich jemals unvorbereitet oder entmutigt fühlst durch den Weg, der dich ruft und auf dich wartet, dann wisse dies: Du hast ein Leben lang auf diesen Moment hingearbeitet. Dafür gelernt. Und du bist so viel mehr als nur ein Mensch, der schon eine bestimmte Anzahl von Tagen auf diesem Planeten geatmet hat. Denn in dir vereinen sich auch jene Inkarnationen, in denen du bereits vorher existiert hast. All diese Erfahrungen haben deine Seele zu dem großartigen Charakter geschliffen, der dein authentisches Selbst ist.

Deine Seele hat viele Facetten. Stell dir einen Fingerabdruck vor; deine Seele ist millionenfach komplizierter als dieser. Wenn du die Fingerabdrücke aller Menschen, als die du schon inkarniert bist, zusammenzählen würdest, könntest du nicht einmal annähernd ermessen, was für ein einzigartiges Meisterwerk du in Wahrheit bist.

Du bist mit einem genauen Seelenplan auf die Welt gekommen. Du kamst mit einer Weisheit an, die dein Alter übersteigt. Dies ist der Teil von dir, der sich danach sehnt, von dir gesehen zu werden. Dies ist der Teil von dir, der bereit ist, sich zu zeigen. Er ist bereit, nach vorne zu treten. Dies ist nicht die Zeit, um im Verborgenen zu bleiben, sondern um hervorzutreten, gesehen zu werden und aufzusteigen.

WORK YOUR LIGHT Aktivierung

Halte die Karte an dein Herz und sage:

„Ich rufe die Seelengaben und das Seelentraining herbei, das ich in all meinen Leben erhalten habe. Ich bin bereit, sie jetzt alle ohne Zögern und ohne Angst zu verkörpern. Dafür habe ich ein Leben lang gelernt.“

DIE GEBURT EINES NEUEN ZEITALTERS

Geburt einer neuen Schöpfung.
Eine neue Welt erträumen.

Oft ist unser Weg genau derjenige, den wir nicht bereit sind zu gehen. Wähle ihn trotzdem. Häufig fühlt sich das, was entsteht, viel größer an, als etwas, das wir aufnehmen können. Sei ihm trotzdem ein Gefäß. Und nicht selten scheinen unsere Schöpfungen ein eigenes, wildes und unkontrollierbares Bewusstsein zu besitzen. Gebäre sie dennoch. Oft ist das, was wir zu tun haben, genau das, was uns am meisten einschüchtert. Sei mutig und tue es trotzdem. Wir sind dabei, ein neues Zeitalter zu gebären.

Momentan befinden wir uns in einer Übergangsphase zwischen den Zeitaltern. Wir sind dabei, den alten Zyklus zu beenden und Neues entstehen zu lassen. Wie beim Fahren im Nebel im Vertrauen darauf, dass die Straße vor uns auftauchen wird, müssen wir alte Identitäten und Verhaltensmuster loslassen, die uns nicht länger dienen, und unsere Intuition als Kompass nutzen.

Du bist Teil einer Gruppe von Seelen, die sich in bedeutenden Epochen der Geschichte inkarniert haben, um sich auf genau diese Zeit vorzubereiten. Sie träumen eine neue Welt ins Leben: Schwestern der Magdalena, Töchter der Isis, Essener, Priesterinnen, Hexen, Mystiker*innen, Heiler*innen, Seher*innen, Künstler*innen, Hebammen, Visionäre, Hüter der Erde und Geschichtenerzähler*innen aus vergangenen Zeiten.

Es ist an der Zeit, die Erlaubnis und den Raum für das zu gewähren, was in unserem Inneren darauf wartet, geboren zu werden. Wir träumen eine neue Welt ins Sein.

WORK YOUR LIGHT Aktivierung

Halte die Karte an dein Herz und sage:

„Ich bin bereit, mich den Schöpfungen hinzugeben, die durch mich geboren werden wollen. Möge ich auf eine Weise dienen, die meinen Geist, meinen Körper und meine Seele erfreut. Bitte nutze mich, bitte führe mich, bitte zeige mir den Weg.“

△

DIE GROSSE ZUSAMMENKUNFT

Alles fügt sich zusammen. Intuitive Hinweise.
Seelen-Gemeinschaft.

Du bist berufen, dich von deiner Intuition leiten zu lassen. Du bist mit einer Gruppe von Seelen verbunden, die ein Netz um den Planeten weben, und wenn du reist und deine Schöpfungen teilst, wird etwas neu miteinander verknüpft. Diese Karte ist ein Zeichen dafür, dass du entweder dazu aufgefordert wirst, dich mit anderen zu verbinden, die sich mit dir einer Seelenebene befinden, oder dass du das bereits bist. Du bist dazu aufgerufen, Gruppen von Menschen zu versammeln, entweder dadurch, dass du sie selbst anführst oder aber Teil einer

Gruppe wirst, die dich und deine Mission unterstützen kann.

Du gehörst zu einer Gruppe von Seelen, die zugestimmt haben, zu diesem Zeitpunkt der Geschichte hier zu sein, um dich selbst, deine Ahnenreihe und den Planeten zu heilen. Um das Bewusstsein aller zu erhöhen, damit wir diesen wunderbaren Ort auch in Zukunft unser Zuhause nennen können. Du bist eine von vielen Seelen, die sich bewusst dafür entschieden haben, ihr Leben etwas Größerem als sich selbst zu widmen.

Es ist an der Zeit, deinen Stamm herbeizurufen, indem du die Stimme deiner Seele teilst und dich selbst zeigst. Wenn du das mitteilst, was sich für dich wirklich und wahrhaftig anfühlt, und die Medizin weitergibst, die du selbst am dringendsten brauchst, werden sich diejenigen um dich scharen, die so sind wie du. Du bist dein Stamm; sie sind genau wie du. Und so wie du dich nach ihnen sehnst und nach ihnen suchst, sehnen sie sich auch nach dir und suchen dich.

WORK YOUR LIGHT Aktivierung

Halte die Karte an dein Herz und sage:

„Ich entscheide mich jetzt dafür, mich zu zeigen. Ich bin bereit, meinen Seelenstamm herbeizurufen und ein Netz aus Licht für den ganzen Planeten zu erschaffen.“

DER RAT DES LICHTS

Göttliche Vermittlung.
Helfer auf der feinstofflichen Ebene.

Der Rat des Lichts ist ein Team aus uns wohlgesonnenen Wesen, die hier sind, um die Erhöhung des Bewusstseins auf dem Planeten zu unterstützen. Und sie sind hier, um dir zu helfen, deine Seelenmission zu erfüllen, und leiten dich bei jedem Schritt auf diesem Weg. Da wir jedoch in einer Welt leben, in der der freie Wille herrscht, können sie dir nicht ohne deine Erlaubnis beistehen. Wenn du ihre Hilfe wünschst, ist es an der Zeit, sie darum zu bitten. Sie können dich bei allen möglichen Anliegen unterstützen – nichts ist zu groß oder zu klein. Betrachte sie als dein persönliches Team von Helfern in der Geisterwelt. Sie sind bereit, sich an die Arbeit zu machen: Wofür brauchst du Unterstützung? Welche Aufgaben würdest du gerne an sie delegieren?

Der Rat des Lichts ist ein Team aus aufgestiegenen Meistern, Lichtwesen, Engeln und Geistführern, die sich dem Aufstieg der Erde und der gesamten Menschheit widmen. Falls du selbst ein*e Lichtarbeiter*in bist, erhältst du von ihnen deinen persönlichen Auftrag. Wie die Vereinten Nationen der spirituellen Welt möchten sie dir dafür danken, dass du diese Mission übernimmst und dein Leben der Erhebung des Planeten widmest.

Bete zu ihnen um Klarheit und Führung bezüglich deiner persönlichen Mission. Trage deine Anliegen vor und lass sie ihre Arbeit machen.

WORK YOUR LIGHT Aktivierung

Halte die Karte an dein Herz und sage:

„Rat des Lichts, ich bin bereit, deine Hilfe bei der Erfüllung meiner persönlichen dharmischen Mission zu empfangen. Danke, dass du jeden meiner Schritte mit Klarheit leitest und mir Helfer und Erfahrungen schickst, die meinen Geist, meinen Körper und meine Seele erfreuen."

ERWACHEN

Energetische Aufwertung. Eine neue Art des Seins.
Integration

Du erlebst eine Zeit des Erwachens. Dinge verändern sich in dir und auf vielen Ebenen. Du beginnst, dich an alte Wahrheiten zu erinnern. Du gehst auf eine Entdeckungsreise nach innen und erkennst immer deutlicher, wer du bist. Verstehst immer besser, warum du inkarniert bist.

Es kann sein, dass du Flashbacks aus vergangenen Leben hast. Dass du jenen unsichtbaren Faden wahrnimmst, der durch dein Leben gewebt ist. Vielleicht spürst du sogar, wie die kosmische Energie Kundalini Shakti vom unteren Ende deiner Wirbelsäule aufsteigt.

Das Wichtigste in dieser Zeit ist, nicht zu viel zu denken und geerdet zu bleiben. Teile deine Erfahrungen mit Gleichgesinnten, während du sie bewusst in dein Leben integrierst. Schreibe Tagebuch und achte auf deine Träume. Erinnerungen werden auftauchen, dir werden Seelengeschenke zuteil.

Während dieser Zeit des Übergangs und des Erwachens kannst du dazu aufgerufen sein, dich dem Dienen zu widmen. Es gibt Ideen, Wahrheiten, Konzepte, Bücher und Werke, die darauf warten, in diese Welt gebracht zu werden. Bleibe offen, sie zu empfangen. Das Ziehen dieser Karte kann ein Zeichen dafür sein, dass du hier bist, um eine dieser Schöpfungen ins Leben zu rufen. Vielleicht wirst du aber auch aufgefordert, eine Veränderung in deinem Leben vorzunehmen, um einen bestimmten Dienst zu leisten. Denk nicht zu viel darüber nach, sondern wiederhole stattdessen die folgende ***Work Your Light*** Aktivierung:

WORK YOUR LIGHT Aktivierung

Halte die Karte an dein Herz und sage:

***„Ich gebe mich meinem Erwachen hin.
Ich erlaube der Shakti-Energie,
von der Basis meiner Wirbelsäule aufzusteigen.
Ich öffne mich dafür, dass mich das
Universum auf eine Weise benutzt,
die meinen Geist, meinen Körper
und meine Seele erfreut."***

HÜTER DER ERDE

Du bist nicht allein. Deine Ahnen stehen dir zur Seite.

Du wirst auf allen Ebenen unterstützt. Du bist nicht allein. Dir steht ein großartiges Team von Helfern zur Seite. Und das sowohl in diesem Universum als auch auf der Erde. Bitte sie um Unterstützung; sie sind da, um dir beizustehen.

Die Hüter der Erde erkennen die Arbeit an, die du bereits geleistet hast, und sind bereit, durch dich zu wirken. Sie verneigen sich vor dir und danken dir, dass du dich für sie einsetzen willst. Dass du dein Leben dem Schutz der Erde auf deine dir eigene Weise widmest.

Es ist an der Zeit, deine Fähigkeiten zu erweitern, um Unterstützung in der physischen Welt zu empfangen.

Dies kann in Form von finanziellem Reichtum, Hilfe von Fremden oder Menschen, die dich und deine Arbeit unterstützen, geschehen. Das Einzige, was dich jetzt noch aufhält, ist deine fehlende Bereitschaft, dich für diese Hilfe zu öffnen. Doch du verdienst es, für deine Arbeit und deinen Einsatz, belohnt zu werden. Du musst nicht alles allein tun. Rufe die Hüter der Erde an, um dich und deine Mission zu unterstützen. Öffne dein Herz und deinen Geist, um mehr zu empfangen, als du je für möglich gehalten hast.

Welche Art von Unterstützung brauchst du? Bitte sofort die Hüter der Erde um Hilfe.

WORK YOUR LIGHT Aktivierung

Halte die Karte an dein Herz und sage:

„Ich bin offen dafür, eine ganz neue Ebene der Unterstützung für mein Leben und meine Arbeit zu erhalten, und ich rufe diese jetzt herbei (einschließlich aller anderen spezifischen Wünsche). Danke, danke, danke."

Δ

IMRAMA

Du bist aufgerufen: Auf welche Reise sollst du gehen?

Das keltische Wort *Imrama* steht für eine Reise der Seele. Eine Reise, von der wir nicht wissen, wohin sie uns führen wird. Doch unsere Seele kennt den Weg. Wenn du diese Karte gezogen hast, wirst du entweder zu einer Seelenreise aufgerufen oder befindest dich bereits auf einer solchen. Sie kann dich zu einem realen, uralten Ort führen oder es handelt sich im übertragenen Sinn um eine metaphorische Reise.

Wenn wir zu Orten gelangen, an die sich unsere Seele erinnert, findet eine Veränderung statt – sowohl in uns selbst als auch auf dem Planeten. Du bist zu einer Reise aufgerufen, die dich an einen Ort geleitet, der für deine

Seele heilig ist. Vielleicht ist es eine Reise zu den heiligen Stätten der Welt. Oder du bist aufgerufen, das Land zu durchqueren, einen Berg zu besteigen, auf dem Wüstenboden zu liegen oder aus einem alten Brunnen zu trinken. Du kannst verschiedene Orte besuchen und alte Freunde treffe. Ich sehe spontane Pilgerreisen in deiner Zukunft.

Sollte es dir nicht möglich sein, physisch zu reisen, dann begib dich auf eine Reise durch das Portal deines Herzens. Folge dem unsichtbaren Seelenpfad und gehe auf eine Erkundungstour in das Zentrum deines Seins. Vielleicht liest du ein Buch oder schaust dir einen Film über eine spirituelle Epoche oder einen heiligen Ort an. Es kann aber auch sein, dass du dazu aufgefordert wirst, eine alte Überlieferung, eine Linie oder ein bestimmtes Werk zu studieren. Wie auch immer deine momentanen Lebensumstände sein mögen, deine Seele ist bereit für eine Reise in die Tiefe.

WORK YOUR LIGHT Aktivierung

Halte die Karte an dein Herz und sage:

„Mögen die Samen des Lichts, die vor langer Zeit gepflanzt wurden, aufgehen. Ich bin bereit, mich an uralte Geheimnisse aus Ländern zu erinnern, die meine Seele aus vergangenen Zeiten kennt. Mögen die alten Linien, denen meine Seele gedient hat, mir Halt schenken und mich daran erinnern, dass ich nicht alles allein tun muss."

△

SÄULE DES LICHTS

Deine Schwingung erhöht sich. Du bist das Orakel.

Du bist Himmel und Erde in vollkommenem Einklang. Ein Kanal für das Licht des Himmels zur Erde. Du bist die Regenbogenbrücke.

Nimm dir Zeit zum Meditieren. Stell dir vor, du bist eine Säule aus Licht, die das Licht des Himmels mit der Erde verbindet. Wenn dieses Licht durch jedes deiner Chakren strahlt, aktivierst du die Regenbogenbrücke, von der viele alte Schriften sprechen. Du erhöhst deine Schwingung und die des Planeten. Du verbindest die höheren Sphären des Universums, die Geistführer, die Engel und den Spirit mit den alten Weisheitshütern und den Geschöpfen des Planeten Erde. Alle zusammen tanzen mit dir. Sie singen gemeinsam mit dir. Ohne deinen Körper, deine Stimme, deine Werke und Kreativität kann nichts von alledem zum Ausdruck gebracht werden. Viel zu lange wurde uns beigebracht, dass sich Gott außerhalb von uns befindet und wir unsere Macht an die Engel und Geistführer abgeben. Aber ohne dich haben sie keine Stimme.

Du bist das Orakel. Suche nicht im Außen nach Führung, denn du trägst die Weisheit des Universums im Zentrum deines Herzens. In jeder Zelle deines Körpers. Sieh die Engel und Geistführer nicht als über dir stehend an, denn ohne dich haben sie keine Möglichkeit zu kommunizieren. Du bist das Orakel. Du bist die Regenbogenbrücke. Du bist die Säule des Lichts.

WORK YOUR LIGHT Aktivierung

Leg die Karte auf dein Herz und sage:

„Ich erlaube dem Licht des Himmels und dem Licht der Erde, jetzt durch mich zu fließen. Ich aktiviere die Codes des Erinnerns in meinen Zellen und Chakren. Ich aktiviere mein System als Regenbogenbrücke zwischen Himmel und Erde.“

SCHUTZ

Fordere deine Macht zurück. Schneide die Stricke durch. Seelenrückholung.

Du bist aufgerufen, deine Energie zu schützen und deine Kraft zurückzuholen. Mögen all die verlorenen Seelenanteile jetzt zu dir zurückkehren. Beobachte, wer und was dir deine Energie raubt. Lass deine Energiekanäle nicht geöffnet, verschließe sie jede Nacht. Zwischen Menschen, Orten, Gegenständen und Ereignissen bilden sich energetische Verbindungen, deshalb ist es wichtig, diese immer wieder zu überprüfen. Deine Energie und dein energetischer Raum sind heilig, also behandle sie auch so.

Deine Energie rein zu halten, erfordert Arbeit. Im Laufe des Lebens können wir unsere Kraft verlieren.

Daher ist es wichtig, dass wir sie zurückholen, indem wir schädliche energetische Verbindungen durchtrennen oder eine Form der Heilung durchführen, die als „Seelenrückholung" bekannt ist.

Fällt dir ein traumatisches Ereignis, eine Beziehung oder eine Seelenerinnerung ein, von der du aufgefordert wirst, deine Energie zurückzurufen? Geh nach innen und überprüfe in deinem Körper, welches Chakra eine energetische Reinigung braucht.

WORK YOUR LIGHT Aktivierung

Halte die Karte auf dein Chakra – oder nacheinander auf jedes betroffene Chakra –, das eine energetische Reinigung benötigt, und wiederhole das Folgende:

„Ich rufe jetzt alle verlorenen Seelenanteile, meine Kraft und mein Licht zurück. Jegliche Gelöbnisse, Seelenverträge, Verfluchungen oder Programmierungen aus der Vergangenheit oder Gegenwart, aus diesem oder anderen Leben, die nicht dem höchsten Wohl aller dienen, löse ich hiermit auf. Jede Macht oder jedes Licht, das ich freiwillig oder unfreiwillig abgegeben habe oder das mir genommen wurde, rufe ich jetzt zurück. Alle Bindungen oder Anhaftungen aus diesem Leben oder aus anderen, lasse ich jetzt zum höchsten Wohl aller los. Und so soll es sein, und so soll es sein, und so soll es sein."

TRANSFORMATION

Die Dinge ändern sich auf zellulärer Ebene.
Tiefgreifende Heilung.

Die Dinge verändern sich auf zellulärer Ebene. Du bist weder der Mensch, der du vor einem Jahr warst, noch der, der du bald sein wirst. Du befindest dich in einem Zwischenstadium, im Entstehen begriffen, halb aufgestiegen, halb gefallen. Mach weiter mit deiner Arbeit, du verwandelst dich. Später wirst du mit Ehrfurcht auf diese Zeit zurückblicken. Es geschieht so viel in deiner inneren Welt und in deinen Zellen. Es ist an der Zeit, alte Verhaltensweisen loszulassen, die dich im Modus von Kampf-Flucht-Stillstand gehalten haben. Wähle eine neue Art des Seins, bei der das Trauma nicht die treibende Kraft ist.

Alte Kindheitsmuster tauchen auf, um geheilt zu werden. Wenn du dir erlaubst, sie dir anzuschauen und ohne Anhaftung zu fühlen, verlieren sie ihren Einfluss und lösen sich auf. Du bist aufgerufen, neue Wege zur Selbstheilung auf tiefer Ebene zu suchen.

Saturn und die Schwarze Madonna sowie die afrikanische Göttin Oshun beeinflussen diese Karte. Saturn steht für Zerstörung und Verwandlung; die Schwarze Madonna repräsentiert den Untergrund und alles, was unterdrückt wurde; und Oshun steht für die zärtliche Liebe der Urmutter. Es findet eine Neuausrichtung statt. Heilung auf den tiefsten Ebenen ist jetzt möglich. Während dieser Phase solltest du dich nicht unter Leistungsdruck setzen.

Vielleicht musst du auch deine Beziehung zu deinem Körper überdenken, eventuell sogar deine Ernährungsgewohnheiten überprüfen oder dein Trainingsprogramm umstellen. Es kann sinnvoll sein, dir energetische Unterstützung zu suchen. Möglicherweise brauchst du seelische Betreuung, da Themen aus deiner Kindheit auftauchen könnten, die auf Heilung warten. Fühl dich zutiefst geliebt.

WORK YOUR LIGHT Aktivierung

Halte die Karte an dein Herz und sage:

„Ich erlaube mir, die tiefste Heilung und Transformation zu empfangen, damit Veränderung auf zellulärer Ebene geschehen kann."

UNGEBUNDEN

Loslassen von Seelenmustern, Verträgen
und vergangenen Leben.

Es ist an der Zeit, endlich deine alten Seelen-Geschichten loszulassen, die sich in deinem Leben zugetragen haben. Sie kommen hoch, um geheilt zu werden. Jetzt ist der perfekte Zeitpunkt, um diese Strukturen loszulassen.

Schau dir die Verhaltensmuster in deinem Leben an, von denen du dich gern lösen würdest. Alte Versprechen und Verträge, die deine Seele geschlossen hat, deren Verfallsdatum längst erreicht ist. Das könnte ein Schweigegelübde sein oder ein Keuschheits- oder Armutsgelöbnis. Es ist an der Zeit, sich von ihnen zu trennen. Dies ist deine Inkarnation, in der du dich von den Traumata vergangener Leben befreien kannst.

Welche alten Verhaltensweisen machen keinen Sinn mehr? Indem du sie benennst, integrierst du sie und sie verlieren ihre Macht über dich. Wenn du diese alten Muster offenlegst, ist es auch wichtig, anzuerkennen, inwiefern sie dir bisher gedient haben. Zum Beispiel hat dir ein Seelenmuster, bei dem du dich klein machst, weil du Angst hast, gesehen zu werden oder deine Stimme zu erheben, geholfen, dich zu schützen. Für deine persönliche Weiterentwicklung ist es jetzt jedoch erforderlich, dass du weicher wirst, indem du Unterstützung annimmst und einforderst.

Es ist an der Zeit, dich von den Gewohnheiten und Lebensweisen zu lösen, die nicht länger tragfähig sind.

WORK YOUR LIGHT Aktivierung

Halte die Karte an dein Herz und sage:

„Ich lasse alle alten Seelengeschichten, Gelübde, Verträge und Muster los, die nicht mehr mit dem übereinstimmen, was ich jetzt sein möchte. Ich trage die Lektionen, das Wachstum und die Gaben in mir, aber ich möchte nicht länger dieselbe Geschichte leben. Möge ich ungebunden sein, ungebunden, für immer ungebunden."

SEKTION 5

ÜBERTRAGUNGS-KARTEN

△

AKASHA

Deine Führung ist göttlich geleitet.

Akasha existiert in der fünften Dimension und der Bibliothek der Seelen. Alle Seelenverträge, Erfahrungen, Gaben, Lektionen und mehr sind hier aufbewahrt. Wir alle haben Zugang zu diesen Informationen der Vergangenheit, Gegenwart und Zukunft. Wir können sie jederzeit anzapfen.

Obwohl wir einen freien Willen haben, gibt es auch Punkte auf deiner Lebenslinie, die vorherbestimmt oder vorgezeichnet sind – Seelenverträge oder Vereinbarungen, die vor deiner Inkarnation getroffen wurden. Es könnte sich um ein Unternehmen handeln, für das du beschlossen hast, zu arbeiten, eine Beziehung, die du geplant hast. Oder eine Person, der du als Mentor oder Helfer zur Seite stehen willst. Was auch immer es sein mag, wisse, dass es göttlich geleitet ist und nicht an dir vorbeigehen wird.

Wenn du auf ein Zeichen wartest, um weiterzumachen, dann ist es diese Karte. Du befindest dich wahrscheinlich gerade auf einer wichtigen Etappe deiner Seelenreise und bist genau dort, wo du sein sollst. Dies ist in der Tat sehr aufregend.

Es ist an der Zeit, die Unterstützung deiner Helfer in Anspruch zu nehmen – sowohl in der physischen als auch in der geistigen Welt. Vertraue den Zeichen, die du bekommst. Achte auf deine Träume. Nimm alle Gefühle oder Visionen wahr, die du empfängst, denn du bist mit der Weisheit der Akasha verbunden und du hast die Erlaubnis, ihr Wissen zu nutzen.

WORK YOUR LIGHT Übertragung

Halte die Karte an dein Herz und sage:

„Ich öffne mich, um die Weisheit der Akasha zu empfangen. Ich bin bereit, jede Information aus meinen Seelenaufzeichnungen herunterzuladen, die in diesem Moment zu meinem höchsten Wohl und dem höchsten Wohl aller ist! Danke, danke, danke."

LEMURIA

Den Himmel auf Erden erschaffen. Es geschieht.

Lemuria oder Mu ist eines der verschollenen Länder der Erde. Ein Reich, das tatsächlich wie der Himmel auf Erden war. Zu einer Zeit, bevor wir aus dem Garten Eden vertrieben wurden. In Lemuria lebten alle Wesen einträchtig zusammen und wurden als gleichwertig angesehen. Und uns alle verband eine tiefe Ehrfurcht vor Mutter Erde. Damals wussten wir, dass ein Moskito ein genauso wertvolles Lebewesen ist wie wir – und auch die Sonne nicht besser als alles andere.

Vielleicht glaubst auch du, dass es den Himmel auf Erden geben kann. Und vielleicht bist du Teil des Übergangs-Teams, das sich auf der Seelenebene dafür einsetzt, diese Art von Harmonie jetzt auf dem Planeten zu realisieren. Danke, dass du diese Aufgabe übernehmen willst.

Es ist nicht schwer, sich von der gegenwärtigen Situation auf diesem Planeten überwältigen zu lassen, aber du wirst ermutigt, an deiner klaren Vision einer positiven Zukunft festzuhalten. Sie ist näher, als du denkst.

Es kann sein, dass du aufgefordert wirst, die Frequenz von Lemuria in deiner eigenen Gemeinschaft, Familie, am Arbeitsplatz oder in dir selbst zu halten. Wisse, dass dies möglich ist, und obwohl es sich manchmal so anfühlen mag, als wärst du allein, bist du es in Wahrheit nicht. Es gibt Hunderttausende, die die Codes dieses alten verlorenen Landes besitzen und sogar Lemuria-Kristalle, die die Codes des Erinnerns in sich tragen. Diese Kristalle beginnen jetzt überall auf dem Planeten zu erscheinen.

Mach weiter mit dem, was du tust, und erinnere dich: Die einzige Möglichkeit, die Welt um dich herum zu heilen, besteht darin, zuerst dich selbst zu heilen.

WORK YOUR LIGHT Übertragung

Halte die Karte an dein Herz und sage:

„Ich halte die Codes von Lemuria und glaube, dass es den Himmel auf Erden wirklich geben kann."

MINTAKAN

Sehnsucht nach der Heimat. Zugehörigkeit.
Die ursprünglichen Lichtarbeiter.

Die Mintakaner sind eine Seelengruppe, die ursprünglich von einem Planeten im Sternbild Orion kommen. Sie waren die ersten Sternenwesen, die zur Erde reisten, und es wird angenommen, dass es sich bei ihnen um die ursprünglichen Lichtarbeiter handelt. Der Heimatplanet der Mintakaner ist vermutlich eine Wasserwelt gewesen, deren Wasser so rein war, dass man meilenweit hindurchsehen konnte. Aus diesem Grund fühlen sich die Mintakaner am wohlsten und zu Hause, wenn sie sich im oder in der Nähe von kristallklarem Wasser aufhalten. Sie sind hier, um uns zu lehren, das Potenzial in allem zu erkennen und das Licht in allen Wesen zu sehen. Viele Mintakaner haben eine seltsame Sehnsucht nach einem „Zuhause" und kämpfen mit dem Gefühl, nicht wirklich dazuzugehören. Das könnte daher rühren, dass ihr Heimatplanet wahrscheinlich nicht mehr existiert. Wenn du diese Karte gezogen hast, kann das bedeuten, dass auch du ein Mintakaner bist oder dich nach einem Gefühl der Zugehörigkeit sehnst. Falls das auf dich zutrifft, könnte dir eine Heilung des Wurzel-Chakra helfen, dich sicher und geborgen zu fühlen.

Vielleicht spürst du tief in dir diese Sehnsucht danach, endlich ein Zuhause zu finden, ohne auch nur eine entfernteste Ahnung davon zu haben, wo dieses sein mag. Vielleicht bist du viel herumgekommen und sehnst dich nach einem Platz auf der Erde, den du dein Eigen nennen kannst. Wenn dem so ist, bist du aufgerufen, dich mit Mutter Erde zu verbinden und diesen Ort jetzt für dich zu erschaffen. Wähle den Platz, an dem du dich am meisten zu Hause fühlst, und gestalte ihn, anstatt darauf zu warten, dass sich das Gefühl der Zugehörigkeit von allein einstellt.

WORK YOUR LIGHT Übertragung

Halte die Karte an dein Herz und sage:

„Ich erlaube mir, wirklich hier und auf diesem Planeten zu Hause zu sein. Ich lasse jeglichen Kummer darüber los, nicht dazuzugehören oder mich nicht gehalten zu fühlen, und rufe das perfekte Zuhause für mich herbei."

PLEIADEN

Doppelte Mission: Channeln und Erheben der Menschheit.

Die Plejadier sind eine Gruppe von Sternenwesen, die es sich zur Aufgabe gemacht haben, die Schwingung des Planeten anzuheben und neues Bewusstsein durch Schöpfungen und Technologie zu vermitteln. Sie inkarnieren auf der Erde nahezu seit den Anfängen der Menschheit.

Du bist eine Seele mit einer doppelten Mission. Deine Aufgabe besteht darin, auf der Seelenebene zu wachsen und die Schwingung des Planeten zu erhöhen. Wenn du dazu berufen wurdest, zu schreiben, zu sprechen oder zu channeln, ist dies dein Zeichen, es unbedingt weiter zu tun! Deine Arbeit wird göttlich gelenkt. Von allen Seelen sind die Plejadier die gesprächigsten – und so hast du vielleicht schon damit begonnen, etwas von dieser Arbeit in die dritte Dimension zu channeln. Danke, dass du deinen Teil zum großen Plan beiträgst. Du bist wichtig. Deine Anwesenheit und dein einzigartiges Licht werden gebraucht.

WORK YOUR LIGHT Übertragung

Halte die Karte an dein Herz und sage:

„Ich rufe das plejadische Bewusstsein
der höchsten Sphären und
das höchste Gut der Menschheit an,
durch mich zu wirken.
Lass mich ein Kanal nur für das reinste Licht
der Essenz der Quelle sein.
Lass mich auf eine Weise channeln,
die auch mir selbst dient."

WERDE EIN*E WORK-YOUR-LIGHT-KARTENLESER*IN

Wenn du deine Erfahrung mit dem Lesen dieser Karten sowie deine intuitive Entwicklung auf die nächste Stufe heben und ein anerkanntes ***Work Your Light***-Orakel werden möchtest, lade ich dich ein, die ***Work Your Light***-Orakel Akkreditierung zu machen.

Um mehr darüber zu erfahren, wie man ein ***Work Your Light***-Orakel wird, schau hier:
www.rebeccacampbell.me/oracle

ÜBER DIE AUTORIN

Foto: Jeamie Beadon

Rebecca Campbell ist eine renommierte spirituelle Lehrerin und die Bestsellerautorin von „Light Is the New Black“ und „Rise Sister Rise“ und dem „Starseed-Orakel“. Rebeccas einfühlsame Schöpfungen unterstützen Menschen dabei, sich mit dem einzigartigen Ruf ihrer Seele zu verbinden und die Welt mit ihrer Anwesenheit zu erhellen.

rebeccathoughts **rebeccathoughts**

rebeccacampbell.me

Rise Sister Rise-Mitgliedschaft und Gemeinschaft:
www.rebeccacampbell.me/sisterhood

WORK YOUR LIGHT-Kurs
und Gemeinschaft für Lichtarbeiter:
www.rebeccacampbell.me/work-your-light

ÜBER DIE KÜNSTLERIN

Foto: Sterling Holland-Roy

Danielle Noel ist eine multidisziplinäre Künstlerin, die intuitive Wellness-Tools für spirituelle Praktizierende und Suchende entwickelt. Sie ist die Schöpferin des international bekannten Starchild Tarot, des Moonchild Tarot und Illustratorin des Starseed-Orakels. Sie widmet sich der Aufgabe, anderen zu helfen, ihre eigene Erleuchtung mit Hilfe der von ihr erschaffenen Kunst zu finden. Ihr einzigartiges Style ist die besondere Mischung aus alten Überlieferungen, reicher Symbolik und heiliger Weisheit.
Sie lebt mit ihrem Partner, zwei Hunden und einer Katze auf Gabriola Island, British Columbia, Kanada.

f starchildtarot

@starchildtarot

daniellenoel.art

REBECCA CAMPBELL
DANIELLE NOEL
DAS
STARSEED
ORAKEL
53 KARTEN MIT ANLEITUNG
KÖNIGSFURT URANIA
REBECCA CAMPBELL
ILLUSTRATIONEN
DANIELLE NOEL
Das
STARSEED
ORAKEL
URAHNEN IM WELTALL